आप खुद ही Best हैं

आप ख़ुद ही Best हैं

अनुपम खेर

प्रभात पेपरबैक्स
प्रभात प्रकाशन
ISO 9001 : 2008 प्रकाशक का उद्यम
www.prabhatbooks.com

प्रकाशक
प्रभात पेपरबैक्स
4/19 आसफ अली रोड, नई दिल्ली-110002
फोन : 23289555 • 23289666 • 23289777 ❖ फैक्स : 23253233
इ-मेल : prabhatbooks@gmail.com ❖ वेब ठिकाना : www.prabhatbooks.com

संस्करण
प्रथम, 2020

अनुवाद
दीपिका रानी

अ.मा.पु.स. 978-93-5048-234-6

AAP KHUD HI BEST HAIN
by Anupam Kher

Published by **Prabhat Paperbacks** (A Division of Prabhat Prakashan)
4/19 Asaf Ali Road, New Delhi-2
by arrangement with Hay House Publishers (India) Pvt. Ltd.

ISBN 978-93-5048-234-6

मेरे दादाजी

पं. अमर नाथजी

को समर्पित

जिन्होंने मुझे सिखाया कि

भीगा हुआ आदमी बारिश से नहीं डरता

आमुख

एक अभिनेता के रूप में, जिसके खाते में 450 से अधिक फिल्में हैं, मुझे दुनिया की सैर करने और विविध प्रकार के कामों में लगे सैकड़ों व्यक्तियों से मिलने का अवसर मिला, जिनमें राष्ट्रपति से लेकर आम आदमी; खरबपति से लेकर दरिद्र तक शामिल थे। मेरे लिए यह बहुत मायने रखता है, क्योंकि मुझे लोगों से मिलना-जुलना पसंद है। उनका विश्लेषण करना भी मुझे बहुत रोचक काम लगता है।

असल में, मुझे लगता है कि मुझमें लोगों का विश्लेषण करने की क्षमता है। जब मैं उनसे बात करता हूँ, तो कभी-कभी सोचता हूँ कि वे कैसा जीवन जी रहे होंगे, किस प्रकार की पृष्ठभूमि से आए होंगे, उनका परिवार कैसा होगा और क्या चीज उन्हें कामयाबी दिलाती है? निश्चित रूप से एक पेशेवर अभिनेता के रूप में मेरे व्यवसाय ने मुझे इस प्रक्रिया ने स्वयं को माँजने में मदद की है, क्योंकि अपने चरित्र को समझना और उसके अंदर घुसना आपके प्रदर्शन को अधिक विश्वसनीय बनाता है?

परंतु मेरे लिए, दूसरों के विश्लेषण पर बात खत्म नहीं होती। मैंने लगातार खुद का विश्लेषण और अपने आप को नए रूप में सामने लाने का प्रयास किया है। आप 50 फिल्मों में किसी चरित्र को, जैसे पिता का चरित्र, एक ही तरीके से नहीं निभा सकते। आपको भिन्न होना होगा और अपने आप को नया रूप देना होगा। और वह प्रक्रिया तभी शुरू होती है, जब आप अपने आप को फिर से खोजते हैं।

मेरे लिए खुद को खोजने की वह प्रक्रिया तब शुरू हुई, जब कुछ वर्ष पहले मैं अपने नाटक 'कुछ भी हो सकता है' की योजना बना रहा था। यदि आप मेरी फिल्मों की संज्या देखें, तो मैं एक बहुत कामयाब अभिनेता था। मुझे मिली आलोचकों की सराहना और मेरे हिस्से में आए पुरस्कारों को देखें, तो वे मुझे एक बेहतर अभिनेता ही प्रमाणित करते हैं।

शिमला में एक अवर श्रेणी लिपिक (लोअर डिविजन क्लर्क) के परिवार में पले, सपने देखनेवाले एक लड़के के रूप में, मैंने अपनी कल्पना से कहीं अधिक ज़्याति और पैसा हासिल किया था। और फिर, जैसा कि हममें से अधिकतर के साथ होता है, सपनों ने मुझे अभिभूत कर लिया। मुझे ऐसा लगा कि मेरे पास जादुई शक्ति है और कुछ भी गलत नहीं हो सकता। एक दशक पहले के चलन के मुताबिक मैंने भी इस उद्योग के लिए 'सॉफ़्टवेयर' बनाने के लिए एक विशाल प्रोडक्शन हाउस स्थापित कर लिया।

आरंभ में, मेरे पास काफी कामयाब टेलीविजन कार्यक्रम थे। उनसे संतुष्ट न होकर, मैंने और भी विविधता लाने का फैसला किया। मैं इवेंट मैनेजमेंट के क्षेत्र में चला गया, क्योंकि उन दिनों वह सबसे आधुनिक व्यवसाय था और कई बड़े कार्यक्रमों का आयोजन किया।

वही हुआ जो होना था। जल्दी ही, बहुत सारे प्रोडक्शनों और कार्यक्रमों, और हमारे व्यवसाय के अभिशाप खराब विज़ीय प्रबंधन के चलते आर्थिक स्थिति खराब हो गई। मुझे ऋणदाताओं के बहुत से मुकदमों का सामना करना पड़ा। तभी मैंने अपने आप को पुनः खोजा और अपना उपचार स्वयं करना शुरू किया। मैंने अपने आप से पूछा—

- मैं महान् क्यों बनना चाहता था?
- मैं किस चीज की तलाश में था? पैसा या खुशी? या सिर्फ अपनी विरोधी प्रोडक्शन कंपनी से बड़ी हेडलाइन?

इस प्रक्रिया में मुझे बहुत से सच मेरे सामने आए। और मैंने कई सिद्धांत बनाए, जो अपने एक्टिंग स्कूल 'ऐक्टर प्रिपेयर्स' (यह स्कूल मैंने 2005 में मुंबई में शुरू किया था) में लागू किए। आज, 'ऐक्टर प्रिपेयर्स' चंडीगढ़, अहमदाबाद और लंदन में भी चल रहा है। यह लोगों को अपनी तलाश करना सिखाता है।

इस प्रकार मैंने 'अपने भीतर परिवर्तन' कॉन्सेप्ट की रचना की। इस खंड में मैं इस लाइफ कोचिंग प्रोग्राम के कुछ पहलुओं की चर्चा करूँगा। यह छोटी सी पुस्तक लिखने का मेरा उद्‍देश्य हमारे जीवन में बदलाव लाना है, जो बेहतरी के लिए हों।

—अनुपम खेर

आभार

यह पुस्तक तैयार करने में कई वर्ष लगे, जो जीवन से तालमेल बिठाने और जीने की कला के बारे में है। यह उन लोगों से मिलने और सीखने के अनुभवों के बिना संभव नहीं होता, जिनका इतने सालों के दौरान मुझसे सामना हुआ है।

मैंने हमेशा यह माना है, और अब तो इस धारणा को शोध द्वारा पुष्ट भी किया जा चुका है, कि जीवन में हमारा भावनात्मक चरित्र हमारे बचपन में ही जुड़ जाता है। शेष जीवन हम सिर्फ उसे माँजते रहते हैं, जो पहले से हमारे अंदर होता है। इसलिए, मैं अपने माता-पिता, अपने पिता पुष्करनाथ और अपनी माता दुलारी को धन्यवाद देना चाहता हूँ कि उन्होंने मुझे एक बहुत बढ़िया भावनात्मक आधार प्रदान किया, जिस पर मैं अपना जीवन निर्मित कर सकता था। विशेष रूप से, मेरे पिता हमेशा सकारात्मकता प्रदर्शित करते थे; वह एक साधारण व्यक्ति हैं, परंतु मैंने जीवन को जितना अधिक देखा है, उतना ही अधिक यह महसूस किया है कि वह साधारण होते हुए असाधारण हैं। मेरे शुरुआती वर्षों में मेरे आज्ञाकारी छोटे भाई राजू, और मेरे सबसे करीबी मित्र विजय सहगल की भूमिकाएँ भी बहुत महत्त्वपूर्ण रहीं। विजय सहगल अब भी मेरे लिए सरलता के मानदंड हैं।

लेखन के हर कार्य में लेखक के करीबी लोगों को उसका खामियाजा भुगतना पड़ता है। इस मामले में मेरी पत्नी किरण का मुझमें विश्वास मेरे कई विचारों का आधार रहा है। इसके बाद मुंबई में मानसिक रूप से अस्वस्थ बच्चों के स्कूल, दिलखुश स्पेशल स्कूल की स्वर्गीय सिस्टर मारिया डोलोरेस का आभार व्यक्त करना चाहता हूँ। अविश्वास से भरी दुनिया में, उन्होंने मुझे अजनबियों पर भरोसा करने का महत्त्व सिखाया। मैं वह सबक नहीं भूल सकता!

हालाँकि मैं उन सबका ऋणी हूँ, जिनसे मैं इस पुस्तक के लेखन के दौरान मिला और जिनसे प्रेरित हुआ, परंतु द *डेक्कन क्रॉनिकल* के प्रकाशकों और उसके मुख़्य संपादक ए.टी. जयंती के सहयोग और मदद के बिना यह पुस्तक संभव नहीं हो पाती। मैं महेश भट्ट का आभारी हूँ, जिन्होंने सारांश (1984) में मुझे मेरा पहला ब्रेक दिया, जिसके बिना मैं वह नहीं बन पाता, जो आज हूँ, साथ ही मैं प्रीतिश नंदी का शुक्रिया अदा करना चाहता हूँ, जिन्होंने मुझे निर्भय होना सिखाया।

मेरे विचारों को स्पष्टता देने के लिए शैलेष कोठारी को विशेष रूप से धन्यवाद देना चाहता हूँ। इस पुस्तक में शामिल किए गए खूबसूरत चित्रों के लिए फोटोग्राफर तारिणी चोपड़ा, जेसी रॉबर्टसन, राघव खट्टर और प्रेम कुमार सिंह तथा आवरण चित्र के लिए अतुल कासबेकर को धन्यवाद देना चाहता हूँ। नोनी चावला को धन्यवाद कैसे कहें? उन्होंने मेरे सामने हजारों फोटोग्राफों का अपना पूरा भंडार रख दिया और बस कहा—'आप जो भी चाहें, चुन लें। यह सब आपके हैं।'

अनुक्रम

1

हम सब दुःखी हैं

अपने मूड को सही करने के लिए खूब खरीदारी करने का नुस्खा खूब बताया जाता है; इसके लिए एक नया शब्द–रिटेल थेरेपी गढ़ा गया है। या आपको चमत्कारी सुंदरता प्रदान करने के लिए सौंदर्य उपचार की नई दुनिया। दुर्भाग्यवश, इन उपचारों के लाभ कुछ ही समय में गायब हो जाते हैं और आप फिर उसी अवसाद में पहुँच जाते हैं, जहाँ थे।

अपनी महान् कृति 'अन्ना केरेनिना' में महान् रूसी रहस्यवादी और उपन्यासकार लियो टॉल्सटॉय लिखते हैं : '...हर दुःखी परिवार एक अलग रूप में दुःखी है।' जी हाँ, यह सच है कि कोई भी सुखी नहीं है। हम सब दुःखी हैं, परंतु अलग-अलग रूप में। हमारी अप्रसन्नता की जड़ें अपनी समझ में कई विफलताओं से उपजती हैं—विफल रिश्ते; संतान न होना; पर्याप्त सुविधाएँ जुटा पाने में नाकामयाबी; सुंदर न होना। ऐसे लाखों कारण हो सकते हैं।

आपने ध्यान दिया होगा कि मैंने 'अपनी समझ में' का प्रयोग किया है। वह इसलिए, क्योंकि ये चीजें वास्तव में हमारी विफलताएँ नहीं हैं। हम दूसरों के दृष्टिकोण से उन्हें विफलता समझते हैं। मैं ऐसी धारणा के प्रभावों पर बाद में आऊँगा। यहाँ मैं इस व्यापक रूप से प्रचलित धारणा की चर्चा करना चाहता हूँ कि खूब सारा पैसा हमारी सभी विफलताओं को समाप्त कर देगा। दुर्भाग्यवश, ऐसा नहीं है।

ऐसा नहीं है कि बिल गेट्स और वॉरेन बफे इस धरती के सबसे सुखी व्यक्ति हैं। गेट्स और बफे की चिंता यह नहीं होगी कि उनके अगले समय के भोजन का प्रबंध कैसे होगा, परंतु अन्य मनुष्यों की तरह वे भी अपने बच्चों, व्यक्तिगत संबंधों और अनगिनत अन्य चीजों की चिंता से ग्रस्त हैं। वे अपनी भारी प्रतिष्ठा की सुरक्षा को लेकर भी काफी चिंतित रहते हैं। क्योंकि जब आप अपने क्षेत्र में अग्रणी होते हैं, तो आगे बढ़ने के लिए कोई जगह नहीं होती। आपको सिर्फ उस जगह बने रहने के लिए सारा समय संघर्ष करना होता है, चूँकि बहुत से प्रतिद्वंद्वी आपसे आगे बढ़ने के लिए जबरदस्त मेहनत कर रहे होते हैं। अपने देश की बात करें, तो मुझे यकीन है कि रतन टाटा या मुकेश अंबानी और उनके छोटे भाई अनिल के साथ भी ऐसा ही होता होगा।

मुझे याद आता है कि 80 के दशक में दुनिया के सबसे अमीर लोगों की सूची में लगातार ब्रुनई के सुल्तान, हस्सनल बुल्किया का नाम सबसे ऊपर चल रहा था। आज भी उनके सोने से मढ़े बोइंग 747,1178 कमरोंवाले उनके शानदार महल और लक्जरी तथा हाई-परफॉर्मेंस कारों के सबसे बड़े संग्रह की तसवीरों से वेब भरा हुआ है।

परंतु सबसे बड़ा प्रश्न यह है—क्या वे सुखी हैं? नहीं। उनके भाई ने उनसे धोखे से 15 अरब डॉलर हड़प लिये और भाई के गलत व्यावसायिक सौदों में भी कई अरब डॉलरों का नुकसान हुआ। आखिर में सुल्तान परिवार ने उसे बेदखल कर दिया।

आप कह सकते हैं कि ब्रुनई के सुल्तान का मामला एक असाधारण मामला था। तो, मैं आपको एक व्यक्तिगत उदाहरण देता हूँ। अभिनेता बनने की इच्छा रखनेवाले एक अकिंचन व्यक्ति से मैं एक प्रभावशाली व्यक्ति बन गया, जिसने अपनी कल्पना से भी कहीं अधिक पैसे कमाए। फिर, अपने कॅरियर के चरम के दौरान, मैं लगभग दिवालिया हो गया। और मैं आपको बता सकता हूँ, कि पैसा अपने साथ प्रसन्नता लेकर नहीं आया।

यही कारण है कि आध्यात्मिक गुरुओं के दर्शन की इच्छा रखनेवाले लोगों में हमेशा अमीर और प्रसिद्ध लोग होते हैं। इसलिए, पैसा या अकूत दौलत सुख

की ओर नहीं ले जाती, जैसा कि जॉन स्टेनबेक के श्रेष्ठ लघु उपन्यास द *पर्ल*—जिसे द अमेरिकन ड्रीम की एक आलोचना माना जाता है—के पाठकों ने बहुत पहले समझ लिया था।

जिस तरह पैसा सुख का रास्ता नहीं है, उसी तरह आपको एक कृत्रिम संतुष्टि देनेवाली चीजें भी हैं, जो पैसे से खरीदी जा सकती हैं। अपने मूड को सही करने के लिए अमूमन खूब खरीदारी करने का नुस्खा बताया जाता है; इसके लिए एक नया शब्द—रिटेल थेरेपी गढ़ा गया है। या आपको चमत्कारी सुंदरता प्रदान करने के लिए सौंदर्य उपचार की नई दुनिया। दुर्भाग्यवश, इन उपचारों के लाभ कुछ ही समय में गायब हो जाते हैं और आप फिर उसी अवसाद में पहुँच जाते हैं, जहाँ थे।

हम यह महसूस करना शुरू कर रहे हैं कि खुशी सिर्फ बाहरी स्रोतों से नहीं आ सकती। सबसे पहले हमें अपने आप को जानने और अपने अस्तित्व में रहने की बातें सीखनी होंगी।

□

2

अपने आप को जानें, अपने व्यक्तित्व को स्वीकारें

थोड़ा सा आत्म-विश्लेषण आपको आत्म-अन्वेषण की राह पर काफी दूर ले जाएगा। एक बार यह प्रक्रिया आरंभ होने पर, आपको दुःख महसूस होने की बजाय अपनी अधिकांश समस्याओं के जवाब मिलने शुरू हो जाएँगे।

हम भले सुख को प्राप्त करने का सजग प्रयास न करें, परंतु हम सभी अपने जीवन में दुःख को कम करने की चाहत रखते हैं। और जब हम ऐसा करते हैं, हम स्वाभाविक रूप से ध्यान देते हैं कि हमारी प्रसन्नता का अनुपात बढ़ जाता है।

हम अप्रसन्नता को यदि समाप्त नहीं, तो कम कैसे कर सकते हैं? एक पुरानी कहावत है कि सभी सड़कें रोम की तरफ जाती हैं, जिसका अर्थ है कि एक ही लक्ष्य के कई रास्ते हैं। यह अपने जीवन में अप्रसन्नता को कम करने पर भी लागू होता है, जो इस बात पर निर्भर करता है कि हमें सबसे अधिक दुःख किस चीज से होता है।

परंतु रास्ता जो भी हो, बुनियादी चीज, जो सुकरात के सिद्धांत जितनी पुरानी है, सबसे पहले अपने आप को जानना है। यह भले ही एक पुरानी ग्रीक कहावत

हो, परंतु इसकी प्रासंगिकता हमेशा रहेगी। एक प्रकार से, हम जो हैं, वह इसलिए हैं, क्योंकि हम नहीं जानते कि हम कौन हैं।

हम अकसर ऐसे युवाओं से मिलते हैं जो अपनी किशोरावस्था के आखिरी दौर में भी अपने कॅरियर विकल्पों के बारे में अस्पष्ट होते हैं। या ऐसे युवा जो इस सोच में होते हैं कि विपरीत लिंग के अपने मित्रों में से किसके साथ जीवन बिताएँ। ऐसा क्यों होता है? क्योंकि वे बहुत अनिश्चित होते हैं। वे असल में खुद को नहीं जानते।

बाहर के देशों में अपने आप को ढूँढ़ने के लिए इधर-उधर भटकना और भी फैशनेबल है। बहुत से लोग पेचीदा नए सत्यों की तलाश में भारत आते हैं, परंतु सत्य उतना ही सरल होता है जितना कि शाश्वत। जैसे कि अपने आप को जानना।

मैंने बहुत से लोगों को पूरा जीवन क्रोध में बिताते देखा है, हमारे समाज की सड़न, हमारे बुनियादी ढाँचे की कमियों, जीवन के प्रत्येक क्षेत्र में व्यापक भ्रष्टाचार, हमारी राजनीतिक व्यवस्था की निराशा के खिलाफ भड़कते हुए देखा है, जिन कठिन चीजों को वे करने में सक्षम नहीं हैं या खुश नहीं हैं। वे अपने माता-पिता या मित्रों से प्रभावित होते हैं। दूसरे लोग कोई कॅरियर अपना लेते हैं या शादी कर लेते हैं, क्योंकि वे अब भी खुद को नहीं जानते या इतने दब्बू हैं कि बेहतर नहीं जान सकते। इसका नतीजा होता है, जीवन भर का दुःख।

इसलिए यदि आपके जीवन में ऐसी वजह हैं जो आपको दुःखी करती हैं, तो अभी से अपने आप को परखना शुरू कर दीजिए। एक एकांत कोने में, अकेले बैठें और सोचें कि कौन सी चीज आपको दुःखी करती है? मानसिक रूप से अपने सामने एक दर्पण रखें और फिर ईमानदारी से उन सभी अवयवों की सूची बनाएँ, जो उस दुःख में योगदान करनेवाले कारक हो सकते हैं।

क्या आपका किशोर बेटा पढ़ाई में कम नंबर लाते हुए आपको दुःखी कर रहा है? हो सकता है आप पिछले कुछ समय में उसके पीछे पड़े रहे हों, इसलिए वह आपके रोब का इस तरह विरोध कर रहा हो। उसे अपने साथ कॉफी के लिए

बाहर ले जाएँ और उससे बात करने की कोशिश करें। अगली बार से उससे फटकार की भाषा में बात न करें और देखें कि इससे कोई फर्क पड़ता है या नहीं।

क्या आपका बॉस आपसे कभी संतुष्ट नहीं होता? उसे कौन सी चीज असंतुष्ट करती है? क्या वह आपका ढीला काम या समय पर काम न पूरा करना हो सकता है? सोचिए!

थोड़ा सा आत्म-विश्लेषण आपको आत्म-अन्वेषण की राह पर काफी दूर ले जाएगा। एक बार यह प्रक्रिया आरंभ होने पर, आपको दु:ख महसूस होने की बजाय अपनी अधिकांश समस्याओं के जवाब मिलने शुरू हो जाएँगे। और फिर, एक बार खुद को जान लेने के पश्चात, अगले कदम के लिए तैयार हो जाएँ, जो है, अपने व्यक्तित्व को स्वीकारना।

एक पुरानी कहावत है—'यदि हमारे जीवन में कोई कष्ट नहीं होता है, तो हम उसे पैदा कर लेते हैं।' जी, हाँ। मैंने अकसर ध्यान दिया है कि हममें से कई लोग किसी और के व्यक्तित्व को ओढ़ते हुए या उसकी तरह व्यवहार करते हुए अपने आप को दु:खी करते हैं। या फिर इस तरह व्यवहार करते हैं, जो हमारे विचार में कामयाब लोग करते हैं। ऐसा संशोधित व्यवहार अनिवार्य रूप से आत्म-विश्वास की कमी से उपजता है; इस धारणा से उत्पन्न होता है कि हम निकृष्ट हैं, जबकि कुछ अन्य हमसे श्रेष्ठ हैं।

दूसरों की अच्छी और सकारात्मक चीजों का अनुकरण करने में कोई बुराई नहीं है; बल्कि यह एक बहुत अच्छा गुण है, क्योंकि यह दरशाता है कि हम स्वीकार कर रहे हैं कि हम संपूर्ण नहीं हैं। यह निश्चित रूप से उनसे बेहतर है, जो कई लोग मानते हैं कि वे संपूर्ण हैं और सारी कमियाँ दूसरों में होती हैं! परंतु दूसरों के व्यवहार या हमारे हिसाब से आदर्श व्यवहार से प्रभावित होने की एक सीमा होती है।

जब मैं कहता हूँ कि हम किसी दूसरे व्यक्ति की तरह होने की कोशिश कर रहे हैं, तो सिर्फ दूसरों के लहजे में बोलना या कोई फैशनेबल भाषा बोलना या एक 'कूल' जीवनशैली जीना ही इस रुग्णता की पहचान नहीं है। यह अधिक गहरी बात है और इसमें पूरी तरह एक नया व्यक्तित्व ओढ़ने का प्रयास शामिल है, जैसा कि हम सोचते हैं कि हमें होना चाहिए।

फिर, हम एक मुखौटा लगा लेते हैं। उदाहरण के लिए, शुरू में, हम दफ़्तर में एक मुखौटा ओढ़कर बॉस की तरह होने की कोशिश करते हैं। फिर हम बहुत सी भूमिकाएँ निभाने के लिए कई मुखौटे लगाते हैं। एक जीवनसाथी के लिए, एक बच्चों के लिए, और एक पड़ोसियों के लिए। फिर मुखौटा महज़्वपूर्ण हो जाता है और हम नहीं जान पाते कि हम वास्तव में कौन हैं।

मुझे फ्रेंच नाटककार जीन एनुअल के श्रेष्ठ नाटक 'बेकेट' की एक अमर पंक्ति याद आती है, जिसमें थॉमस बेकेट वायु की दशा बतानेवाले यंत्र के रूप में मौजूद एक दरबारी से कहते हैं—"मुझे उज़्मीद है कि जब तुज़्हारा सिर घूमना रुकेगा, तो तुज़्हारा चेहरा सामने होगा!" इसमें अप्रसन्नता के बीज निहित हैं, क्योंकि चाहे हम कितनी भी कोशिश कर लें, एक दिन अपने घूमते सिरों से थक जाएँगे।

मैं एक उदाहरण से स्पष्ट करता हूँ। कॉरपोरेट जगत् में कोई व्यक्ति जितना ऊपर जाता है, यह धारणा अधिक दृढ़ होती जाती है कि हमें संयमित रहना चाहिए और कभी मुसकराना नहीं चाहिए। मुसकराना छिछोरापन माना जाता है; पाषाण की तरह हाव-भाव बनाए रखना आदर्श समझा जाता है, मानो कॉरपोरेशन की सारी चिंता हमारे कंधों पर हो। उदाहरण के लिए, मैंने बिजनेस क्लास उड़ानों में जब भी हवाई यात्रा की है, उन सब में अपने सह-यात्रियों को भावहीन दिखने की कोशिश करते देखा है; सज़ी को पिनस्ट्राइप्स पहने; सभी को आर्थिक समाचार-पत्र पढ़ते, कज़ी न मुसकराते और साथी यात्रियों से पूरी तरह बेखबर देखा है और जैसे

ही विमान उतरता है, मान लीजिए दिल्ली में, तो वह अपने समाचार-पत्र को तह करेगा, आपकी ओर एक फीकी मुसकराहट देगा और पूछेगा—'क्या आप दिल्ली जा रहे हैं?'

यदि वह अपने व्यक्तित्व में रहे, मुसकराए और खुशमिजाज रहे तो? और यदि हर कोई ऐसा करे तो? केबिन निश्चित रूप से एक अधिक खुशनुमा जगह बन जाएगी।

□

3

क्रोध पर नियंत्रण

...पचास से उलटा गिनें। यह आपके मस्तिष्क के तर्कवाले हिस्से को अतार्किक हिस्से पर हावी होने के लिए प्रेरित करता है, जब आप क्रोध के प्रवाह को तोड़ते हुए संख्या पर ध्यान केंद्रित करते हैं।

जैसा कि मैंने आमुख में उल्लेख किया है, यह छोटी सी पुस्तक लिखने के पीछे मेरा उद्देश्य हमारे जीवन में बेहतरी के लिए परिवर्तन लाना है। और आगे की ओर जाने का एकमात्र रास्ता अपनी कमियों को पहचानना और उनका समाधान ढूँढ़ना है। पिछले अध्याय में, मैंने किसी दूसरे की तरह बनने की इच्छा रखनेवाले लोगों को दु:खी करनेवाले पक्ष पर चर्चा की थी, जो शायद आत्मविश्वास की कमी से उत्पन्न होता है। इस अध्याय में, मैं आज के समय में बहुत बड़ी संज़्या में लोगों को परेशान करनेवाली एक और बड़ी समस्या—क्रोध के बारे में बात करना चाहूँगा।

हम सब जानते हैं कि क्रोध हमारी शारीरिक प्रणाली पर क्या कहर ढाता है, इसलिए मैं उसे दुहराना नहीं चाहूँगा। वह उच्च रक्तचाप से लेकर हृदयाघात और कोरोनरी रोगों तक का कारण है। फिर ज़ी आज बड़ी संज़्या में लोग क्रोध के दौरों से पीड़ित हैं।

हम अपने गुस्से पर काबू कैसे पा सकते हैं? बहुत सारी किताबों में बहुत सी चीजें दी गई हैं, जिनमें गहरी साँस लेने से लेकर दस तक गिनना और ध्यान, वगैरह

शामिल हैं। इन सभी के अपने लाभ हैं, परंतु समस्या फिर भी बनी रहती है। तो फिर हमें क्या करना चाहिए?

चलिए इस विषय को वैज्ञानिक रूप से देखते हैं। जब आप सामान्य स्थिति में होते हैं, तो अपनी साँस पर ध्यान दीजिए। आप पाएँगे कि आपकी साँस सधी हुई और लयबद्ध है। अब उस समय अपने आप पर नजर डालिए, जब आपको क्रोध आना आरंभ होता है। आप पाएँगे कि आपकी साँस उथली हो जाती है और उसका अंतराल कम हो जाता है। इसलिए क्रोध आने पर उस पर काबू पाने का एक स्पष्ट तरीका है, गहरी साँस लेना और हलकी साँसों को आने से रोकना।

आप कहेंगे कि इस मंत्र में कुछ नया नहीं है। लेकिन हमें छाती में साँस नहीं लेनी है, जैसा कि हम सभी करते हैं। सही तकनीक, जिस में हमारे योगियों ने हजारों वर्ष पहले महारत हासिल कर ली थी और आज भी योग विद्यालयों में सिखाई जाती है, अपने पेट में गहरी साँस लेना है।

अपने पश्चिमीकृत समाज में, हमारी सज़्यता 'उथली' साँस लेनेवालों की सज़्यता बन गई है। जैसा कि हमें स्कूल में अपने पी.टी. (फिजिकल ट्रेनिंग) क्लास में सिखाया जाता था, सही मुद्रा है 'सीना बाहर, पेट अंदर'। इसलिए, हम साँस लेते समय अपने फेफड़ों के सिर्फ मध्य और ऊपरी ज़ाग का इस्तेमाल करते हैं। अब सुनिए कि विशेषज्ञ क्या कहते हैं। वाशिंगटन डी.सी. में सेंटर फॉर माइंड/बॉडी मेडिसिन के जेज़्स जॉर्डन के अनुसार, ''जब आप वायु को नीचे फेफड़ों के निचले भाग में लाते हैं, जहाँ ऑक्सीजन एक्सचेंज सबसे प्रभावी होता है, तो सबकुछ बदल जाता है। धड़कन धीमी हो जाती है, रक्तचाप कम हो जाता है, मांसपेशियाँ शिथिल हो जाती हैं, व्यग्रता कम हो जाती है और मन शांत हो जाता है।''

ऐसा सोचनेवाले जॉर्डन अकेले नहीं हैं। बहुत से पश्चिमी शोधकर्ता उनके विचारों से सहमत हैं और गहरी साँस लेने की सही तकनीकी में काफी लाभ देख रहे हैं।

और यदि आपको अब भी संदेह है, तो मेरा सुझाव है कि आप एक शिशु को साँस लेते देखें और आप उसके पेट को ऊपर और नीचे जाते देखेंगे, इसी तरह

हमारे पेट को भी करना चाहिए।

एक और पुराना तरीका है, जिसमें थोड़ा सुधार करने से क्रोध पर काबू पाने में मदद मिल सकती है। दस तक न गिनें, पचास से उलटा गिनें। यह आपके मस्तिष्क के तर्कवाले हिस्से को अतार्किक हिस्से पर हावी होने के लिए प्रेरित करता है, जब आप क्रोध के प्रवाह को तोड़ते हुए संज़्या पर ध्यान केंद्रित करते हैं।

इसलिए, अगली बार जब भी आप खुद पर से नियंत्रण खोने लगें, उलटा गिनना शुरू कर दें और सही तरीके से गहरी साँस लें।

□

4

असंतोष एक बीमारी है

...और हम इस बात की बुराई, नुक्ताचीनी कर सकते हैं, आह भर सकते हैं कि उनके पास कितना अधिक है। ऐसे विचार, दुर्भाग्यवश, भौतिकवाद और विनाश की ओर ले जाते हैं, जैसा कि पश्चिम ने समझ लिया है।

जैसा कि मैंने अध्याय 1 में उल्लेख किया था, हम सभी अलग-अलग कोटि के दु:खों से ग्रस्त असंतुष्ट लोग हैं। असंतोष एक बीमारी की तरह है। यदि उसका उपचार न किया जाए, तो वह बिगड़ती जाती है।

निश्चित रूप से हर किसी के पास असंतोष के ढेरों कारण होते हैं; परंतु उससे भी अधिक ऐसे कारण होते हैं कि उन्हें असंतुष्ट क्यों नहीं होना चाहिए। इसी बात में 'सकारात्मक मानदंड' (पॉजिटिव बेंचमार्किंग) का एहसास निहित है।

मैं स्पष्ट करता हूँ कि सकारात्मक मानदंड से मेरा क्या तात्पर्य है। आप किसी भी सुबह उठने के बाद अपनी परेशानियों से निराशा महसूस कर सकते हैं। आपकी नौकरानी ने कहा है कि उसे छुट्टी चाहिए, आपके ड्राइवर ने फोन किया है कि वह देर से आएगा, इसलिए आप किटी पार्टी में अपनी सहेलियों से मिलने से पहले हेयरड्रेसर के साथ अपनी महत्ज़्वपूर्ण अप्वाइंटमेंट के लिए लेट हो जाएँगी,

आप अपनी बेटी के नखरे से परेशान हैं और आपके पति, हमेशा की तरह, शहर में नहीं हैं।

या, यदि आप पुरुष हैं, तो आप आज सुबह की प्रेजेंटेशन को लेकर तनाव में होंगे, क्योंकि आपके डिवीजन के सेल्स लक्ष्य से काफी दूर हैं, आपके ड्राइवर का बेटा बीमार है, इसलिए आपको खुद गाड़ी चलाकर ऑफिस जाना है, आपका एक्जीक्यूटिव असिस्टेंट बेकार हो रहा है, क्योंकि वह इस शाम की क्लाइंट मीटिंग के लिए स्लाइड तैयार करना भूल गया है और आपको लगता है कि आपका परचेज मैनेजर चुपचाप रिश्वत खा रहा है। यह सूची बढ़ती जाती है…जी, हाँ, इन दोनों के पास असंतुष्ट होने के पर्याप्त कारण हैं या वह ऐसा सोचते हैं।

लेकिन एक पल के लिए सोचते हैं। कितने भारतीयों के पास नौकरानियाँ और ड्राइवर होते हैं? हममें से कितने भाग्यशाली लोगों के पास कार होती है? हममें से कितनों के पास चाहे तनावपूर्ण, लेकिन बढ़िया वेतनवाली नौकरियाँ हैं? हममें से कितनों को किटी पार्टियों में आमंत्रित किया जाता है? जिस क्षण आप इस प्रकार के प्रश्न पूछेंगे, उज़र आपके दिमाग में गूँजेगा और थोड़ा धीरज दे जाएगा। अपरिहार्य सच यह है कि आप एक छोटे और अत्यंत खुशकिस्मत अल्पसंज़्यक वर्ग से संबंध रखते हैं और आपके पास असंतोष का कोई कारण नहीं है।

इस प्रक्रिया में हमने क्या किया है? हमने अपने आप को अपने देश के लाखों पुरुषों और महिलाओं के मुकाबले रखा, जिनके पास बिजली नहीं है, घर नहीं है, जो अकसर भूखे पेट सोते हैं और जिनके पास एक अनिश्चित भविष्य के लिए कोई बचत नहीं है।

जब हम सोचते हैं कि हम कितने खुशकिस्मत हैं, यह सकारात्मक मानदंड स्थापित करना है। निश्चित रूप से, हम अपने आप को पॉश इलाकों, जैसे नई दिल्ली में गोल्फ लिंक्स या हैदराबाद में बंजारा हिल्स या मुंबई में मालाबार हिल्स में रहनेवाले अपने मित्रों के मुकाबले भी रख सकते हैं। और हम इस बात की बुराई, नुक्ताचीनी कर सकते हैं, आह भर सकते हैं कि उनके पास कितना अधिक है। ऐसे विचार, दुर्भाग्यवश, भौतिकवाद और विनाश की ओर ले जाते हैं, जैसा कि पश्चिम ने बहुत पहले समझ लिया है।

मैं एक बहुत सुंदर विचार आपके साथ बाँटना चाहता हूँ, जिसके बारे में मुझे कई वर्ष पहले पता चला और जो मेरे साथ बना रहा है : मैं हमेशा एक जोड़ी जूतों के लिए तरसता रहा, जब तक कि मैंने बिना पैरवाला व्यक्ति नहीं देखा था। इस सादगीपूर्ण विचार का चित्र हमेशा मेरे साथ रहा है। एक गांधीवादी विचार भी है : 'यहाँ दुनिया की जरूरतों के लिए पर्याप्त धन है, परंतु वह दुनिया के लालच के लिए पर्याप्त नहीं है।'

अगली बार जब आप असंतुष्ट हों, इन पहलुओं पर विचार करें और आपको जवाब मिल जाएँगे।

□

5

अपना विश्लेषण करें

हम निश्चित रूप से अपनी मजबूतियों का लाभ उठा सकते हैं और जिस क्षेत्र में हम महारत रखते हैं, उसमें और मेहनत कर सकते हैं, परंतु हमें अपने अतिशयोक्तिपूर्ण आकलन में बह नहीं जाना चाहिए।

आपको ऐसे लोगों से मिलने के लिए बहुत दूर नहीं जाना होगा जिनके पास ऐसे दुखद किस्से होते हैं कि जीवन ने किस प्रकार उनके साथ अन्याय किया है और कैसे वे परिस्थितियों के शिकार रहे हैं। सफलता के पीछे भागती और सफलता की पूजा करनेवाली दुनिया में ऐसा प्रत्याशित है।

मैं ऐसे शराबियों से मिला हूँ, जो इसलिए अपने पीने को उचित ठहराते हैं, क्योंकि उनकी पत्नियाँ उनके पीछे पड़ी रहती हैं। परंतु उनके परिवारों से बात करने पर आपको कहानी का दूसरा पक्ष सुनने को मिलता है। जहाँ निर्णय व्यक्तिपरक होता है, वहाँ मामला अधिक पेचीदा हो जाता है।

दुःख उन लोगों तक सीमित नहीं है, जो सफल या अमीर नहीं हो पाए। मैं पाता हूँ कि दुःख सबको बराबरी पर ला देता है। अमीर व्यवसायी पाता है कि उसका पुत्र नशीले पदार्थों का अभ्यस्त हो चुका है। अपने काम के लिए दुनिया भर में घूमनेवाला एक्जीक्यूटिव अपनी पत्नी को बेवफा पाता है। उद्योगपति पाता है कि

उसके प्रतिस्पर्धी उससे आगे निकल रहे हैं, उससे अधिक और तेजी से तरक्की कर रहे हैं।

सफल या कम सफल, इन सभी लोगों के लिए एक सरल मंत्र है। आपकी खुशी आपके हाथों में है। एक प्रकार से, यह मंत्र इस बात का विश्लेषण करना है कि आपके पास सकारात्मक चीजें क्या हैं, उनका अधिकतम लाभ आप किस प्रकार उठा सकते हैं और किस प्रकार आप अपनी कमजोरियों को दबा सकते हैं। कॉरपोरेट भाषा में इसे स्वोट (एस.डब्ल्यू.ओ.टी.) विश्लेषण कहते हैं, जिसका विस्तार है, स्ट्रेंथ (मजबूत पक्ष), वीकनेस (कमजोरियाँ), अपोरचुनिटी (अवसर) और थ्रेट (खतरे)।

यह आलोचनात्मक मूल्यांकन पर्याप्त नहीं है। आपको उसे अपनी महत्त्वाकांक्षा के मुकाबले रखना होगा। इसमें ध्यान रखने की बात है। हम सभी की कुछ महत्त्वाकांक्षाएँ हैं, परंतु हमें यह देखना चाहिए कि वे हमारे स्वोट विश्लेषण के अनुरूप हैं या नहीं। हम निश्चित रूप से अपनी मजबूतियों का लाभ उठा सकते हैं और जिस क्षेत्र में हम महारत रखते हैं, उसमें और मेहनत कर सकते हैं, परंतु हमें अपने अतिशयोक्तिपूर्ण आकलन में बह नहीं जाना चाहिए।

यदि मैं 5 फीट 8 इंच लंबा हूँ और 6 फीट का होना चाहता हूँ, तो मैं स्वयं अपने आप को दुःखी कर रहा हूँ। यदि मेरी आवाज मेंढक जैसी है, और मैं एक गजल गायक बनना चाहता हूँ तो मैं स्वयं अप्रसन्नता की ओर कदम बढ़ा रहा हूँ। यदि मेरा चेहरा-मोहरा औसत है और मैं सिनेमा का स्टार बनना चाहता हूँ, तो मुझे नहीं लगता कि यह सफलता की राह है, जब तक कि मैं अद्‌भुत अभिनय क्षमता से संपन्न नहीं हूँ।

मेरा मंत्र बहुत ही सरल लग सकता है—मेरी यह बात याद रखिए कि बहुत से महान् सत्य खोजने की आवश्यकता नहीं है—परंतु यह आपको खुद को ढूँढ़ने में मदद करेगा। वह है, यदि आप स्वयं के प्रति ईमानदार हैं। यदि आप दुःख के भँवर में फँसे हैं, तो यह आपको पता लगाने में मदद करेगा कि आपसे कहाँ गलती हुई है और आपको किस प्रकार अपने आप को बदलना चाहिए।

एक्जीक्यूटिव और व्यवसायी को यह पता चल सकता है कि उनका दुःख

अपनी पत्नी और परिवार पर ध्यान न देने से उपजा है। उद्योगपति को यह फैसला करना होगा कि वह खुश रहना चाहता है या हमेशा अपने से ऊपर देखते रहकर दु:खी रहना चाहता है। हर किसी की खुशी या दु:ख अपने हाथ में है।

अमीर और विज़्यात होने का प्रलोभन बहुत बड़ा होता है। एक कठोर और वास्तविक सत्य यह है कि हर कोई अमीर या प्रसिद्ध नहीं हो सकता। एक अच्छा शिक्षक, जौहरी, डिजाइनर और वकील बनने में भी खुशी तलाशी जा सकती है। इस राह पर हम जितनी जल्दी चल पड़ेंगे, हमारे लिए उतना ही बेहतर होगा।

□

6

तुलना दुःख का कारण है

अखबार हाथ में आने के साथ ही उनके जीवन-शैली वाले परिशिष्ट और सोशल डायरी कभी न पढ़ें, क्योंकि वे आपको सुबह-सुबह बेचारा महसूस कराते हैं और आपका बाकी का दिन बरबाद कर देते हैं।

फिल्मों और थिएटर में दशकों के अपने प्रोफेशनल जीवन में, मुझे एक दुःखद सत्य का पता चला : कि हममें से अधिकतर लोग परपीड़क प्रवृत्ति़यों से प्रेरित होते हैं। हम स्वयं को अपने मित्रों से अधिक कामयाब दिखाना चाहते हैं और अपनी उपलब्धियों के प्रति उन्हें ईर्ष्यालु देखना हमें अच्छा लगता है। यही दृष्टिकोण पूरे जनसंपर्क व्यवसाय के पीछे की प्रेरक शक्ति है, जिनकी प्रतिभा का लाभ सबसे ऊँचे पायदान पर बैठे या वहाँ पहुँचने के इच्छुक लोगों द्वारा उठाया जाता है।

आखिर एक भव्य पार्टी की मेजबानी करने का क्या लाभ, यदि दुनिया को उसके बारे में पता न चले? यह भावना निचले सामाजिक स्तर पर भी देखने को मिलती है। एक क्लर्क की पत्नी अपने जाननेवालों के बीच इस बात की चर्चा जरूर करेगी कि उसके पति ने उसके लिए 3000 रुपए की साड़ी खरीदी है, चाहे साड़ियों पर चर्चा हो रही हो या नहीं। और एक मध्यम श्रेणी के एक्जीक्यूटिव की

पत्नी कई सप्ताह तक अपनी सभी सहेलियों को यह बताते नहीं थकेगी कि वह अपने परिवार के साथ हाल में यूरोप की यात्रा से लौटी है।

अपनी सफलताओं, उपलब्धियों और प्रयासों को ऐसे रूप में प्रस्तुत करने की कि वह हमारे जाननेवालों के बीच ईर्ष्या का विषय बने—इस सहज इच्छा के कारण मैं एक सरल नियम का पालन करता हूँ। किसी की भी, मान लीजिए मिसेज क की ऐसी घोषणाओं को एक मुसकराहट और उदासीनता के साथ सुनें। उन बातों को अपने ऊपर हावी न होने दें; उन्हें एक कान से सुनकर दूसरे से निकाल दें।

मैं जानता हूँ यह मुश्किल है, परंतु आपको अज्यास जरूर करना चाहिए। अन्यथा आपकी अक्षमता आपके भीतर सुलगती रहेगी, आपको असंतुष्ट रखेगी और आप बिलकुल वैसा ही व्यवहार करेंगी, जैसा कि आपकी सहेली/पड़ोसन चाहती है। और फिर ऐसा होगा : आप अपने पति से कहेंगी कि श्रीमान क अपनी पत्नी का कितना खयाल रखते हैं और वह कितना अधिक कमाते हैं। इसका अप्रत्यक्ष रूप में मतलब यह है कि श्रीमान क आपके पति से अधिक कामयाब हैं। कुछ समय बाद उनके पीछे पड़े रहना आपकी आदत हो जाएगी और आखिरकार, एक दिन आपके पति का गुस्सा फट पड़ेगा। ऐसा विस्फोट आपको पूरी तरह दु:खी कर जाएगा; बिलकुल वैसा ही जैसा श्रीमती क चाहती थीं!

जीवन को सरल और अधिक सहज बनाने के लिए मैंने एक आसान नियम अपनाया है, जिसकी सलाह मैं हर किसी को देना चाहूँगा : अखबार हाथ में आने के साथ ही उनके जीवन-शैली वाले परिशिष्ट और सोशल डायरी कभी न पढ़ें, क्योंकि वे आपको सुबह-सुबह बेचारा महसूस कराते हैं और आपका बाकी दिन बरबाद कर देते हैं। यदि आपको कामयाब लोगों के बारे में अद्यतन रहना ही है, और भड़कीली चीजों के विज्ञापनों को देखना ही है, तो यह काम बाद में करें। मैं आपको आश्वस्त कर सकता हूँ कि आपके दिन बेहतर बीतेंगे।

एक और परपीड़क मनोवैज्ञानिक सत्य आपको अपने दिमाग में यह रखना चाहिए कि हममें से अधिकतर सिर्फ सुविधासंपन्न होने पर सुखी नहीं होते।

संपूर्ण प्रसन्नता के लिए हमें न सिर्फ पहले से अधिक सुविधासंपन्न, बल्कि उन लोगों से अधिक सुविधासंपन्न होने की चाह होती है, जो हमेशा से हमें भाषण देते रहे हैं। मुझे फ्रेंच लेखक और सगान फ्रैंकोस दि ला रोशेफोकोल्ड के शब्द याद आते हैं : 'कामयाब होना ही पर्याप्त नहीं होता, दूसरों को नाकामयाब भी होना चाहिए।'

□

7

विचारों पर नियंत्रण

आपका जीवन निराशाजनक नहीं है, क्योंकि ऐसी बहुत सी चीजें हैं जो आपके जीवन को जीने लायक बनाती हैं। मुख्य बात यह है कि आप किस पर ध्यान केंद्रित करना चाहते हैं? आधे खाली गिलास पर या आधे भरे गिलास पर?

विचार एक दोधारी तलवार की तरह होते हैं। वे रचनात्मक प्रक्रिया की बुनियाद भी होते हैं और साथ ही नकारात्मक, यहाँ तक कि विनाशकारी मानसिकता के आधार भी। यही मस्तिष्क लियोनार्दो दा विंची की अमर कला, अल्बर्ट आइंस्टीन की गणितीय प्रतिभा को भी जन्म देता है और अडोल्फ हिटलर के पागलपन को भी।

एक अनुमान के मुताबिक औसतन 60,000 विचार प्रतिदिन हमारे दिमाग से गुजरते हैं। दुःखद बात यह है कि हममें से अधिकतर का अपने विचारों पर कोई नियंत्रण नहीं होता। मैंने विचार की सबसे अच्छी विशेषताओं में से एक यह सुनी है कि वह पारे की तरह होता है; आप कभी उसे पकड़ नहीं सकते! मेरे खयाल से यह काफी स्पष्ट है कि हमें अपने विचारों पर कुछ नियंत्रण क्यों होना चाहिए; अन्यथा हम उनके दास बन जाते हैं। विचार किस प्रकार से हमारी किस्मत को आकार देते हैं, इसकी सबसे तार्किक व्याख़्या मैंने हिज होलीनेस 14वें दलाई लामा

की पढ़ी है। वह कहते हैं—

'अपने विचारों पर ध्यान दें, क्योंकि वे शब्द बनते हैं।
अपने शब्दों पर ध्यान दें, क्योंकि वे कार्य बन जाएँगे।
अपने कार्यों पर ध्यान दें, क्योंकि वे आदत बन जाएँगे।
अपनी आदतों पर ध्यान दें, क्योंकि वे आपका चरित्र बनाएँगे।
अपने चरित्र पर ध्यान दें, क्योंकि वह आपकी किस्मत बनाएगा।
और आपकी किस्मत आपका जीवन होगी!'

हमारे समय के एक महान् आध्यात्मिक गुरु के इस सरल, प्रभावशाली सत्य को पढ़ने और ग्रहण करने के बाद इस विषय पर कहने के लिए और कुछ नहीं रह जाता।

परंतु मैं विचार प्रक्रिया के एक पक्ष पर कुछ कहना चाहता हूँ। यह है विचारों और अवसाद के बीच का संबंध, जो इन दिनों बहुत व्यापक है। अवसाद के विभिन्न कारण होते हैं, परंतु बार-बार आनेवाले नकारात्मक विचारों से वह बदतर हो जाता है।

कुछ लोगों में किसी भी अवांछित घटना की तर्कसंगत व्याख्या की क्षमता होती है, परंतु बहुत से लोग ऐसा नहीं कर पाते और अवसादपूर्ण विचारों में उलझ जाते हैं, जो बदतरीन स्थिति में उन्हें पूरी तरह बेकार बना सकते हैं। सबसे अधिक बिकनेवाली दवाओं में अवसाद से लड़नेवाली दवाओं का होना यह स्पष्ट करता है कि हमारे जड़हीन समाजों में अवसाद कितना व्याप्त हो गया है, जहाँ एक संयुक्त परिवार व्यवस्था का सहारा समाप्त हो गया है।

तो, विचारों को नियंत्रित करने का तरीका क्या है? जैसा कि मैंने पहले स्पष्ट किया है, क्रोध को नियंत्रित करने का एक तरीका पचास से शून्य तक की उलटी गिनती करना है।

एक और तरीका है, अपने जीवन के आनंदपूर्ण पलों को याद करना। जैसे अपने बचपन की स्मृतियाँ, आखिरी बार देखा खूबसूरत सूर्यास्त, अपनी माँ के साथ के कोमल पल या अपने प्रिय का स्पर्श।

इनके बारे में सिर्फ सोचना पर्याप्त नहीं है, आपको इन पलों को महसूस भी करना चाहिए। जब आप ऐसा करेंगे, तो आप पाएँगे कि आपका अवसाद क्षणिक है। आपका जीवन निराशाजनक नहीं है, क्योंकि ऐसी बहुत सी चीजें हैं जो आपके जीवन को जीने लायक बनाती हैं। मुज़्य बात यह है कि आप किस पर ध्यान केंद्रित करना चाहते हैं? आधे खाली गिलास पर या आधे भरे गिलास पर?

□

8

परिवर्तन का नियम

हम लोगों के लिए यह उद्योग की दुनिया से कहीं अधिक आसान है, क्योंकि हमें परिवर्तन की दिशाओं का अनुमान नहीं लगाना पड़ता। हम पहले से जानते हैं कि हमारे लिए कौन से गुण आवश्यक हैं। हमें बस अपने आप को बदलते हुए समय के संकेतों की दिशा में चलना होता है।

कुछ विचार लोकप्रिय हो जाते हैं, क्योंकि वे विश्वसनीय लगते हैं। अन्य धारणाएँ तथ्यों के रूप में स्वीकार कर ली जाती हैं, क्योंकि उनका जोरदार खंडन नहीं किया गया है। उनमें परिवर्तन के बारे में कुछ प्रचलित धारणाएँ शामिल हैं।

अपने आप को बदलने की अवधारणा आध्यात्मिक उद्देश्य से संबंधित मानी जाती है। और यह सच भी है, क्योंकि यह बात स्वीकार करने के लिए लौकिक शक्ति से कहीं अधिक की जरूरत होती है कि हमारे अंदर कमजोरियाँ भी हैं और उन्हें सुधारने की जरूरत है।

बहरहाल, इन धारणाओं के विपरीत, परिवर्तन सिर्फ आध्यात्मिकता का एक अंश नहीं है, न ही वह मात्र एक अंदरूनी प्रक्रिया या फिर हमेशा एक व्यक्ति का लक्ष्य है। परिवर्तन एक बड़ी चीज है और मेरा मतलब सिर्फ पैसे के संदर्भ में नहीं है। मेरा मतलब यह है कि परिवर्तन व्यक्तियों से ज़ी अधिक हर कहीं कॉरपोरेटों के लिए अनिवार्य है।

परिवर्तन कॉरपोरेटों के लिए इतना महज्त्वपूर्ण क्यों है? क्योंकि कॉरपोरेट में उन ब्रांडों और कंपनियों की कब्र बन जाती है, जो चेतावनी को अनदेखा करके परिवर्तन से इनकार कर देते हैं। बस एक बात याद करने की कोशिश कीजिए। दो दशक पहले आपने कोई कार्यालय ऐसा देखा था, जहाँ पर टाइपराइटर न हो? अब, कंप्यूटरों, लैंपटॉपों और आईपैडों की इस दुनिया में आपने आखिरी बार टाइपराइटर कब देखा था?

कंप्यूटर युग के साथ आनेवाले बदलाव ने टाइपराइटर कंपनियों जैसे रेमिंगटन, स्मिथ-कोरोना या ओलिवेटी को व्यवसाय से बाहर कर दिया। इसी प्रकार टेप या ऑडियो कैसेटोंवाले पुराने टेपरिकॉर्डर याद हैं? हम अब भी उन्हें टेपरिकॉर्डर कहते हैं, जबकि उनमें कोई टेप नहीं होता। डिजिटल युग ने उस सब को पुराना कर दिया और ग्रंडिग तथा अकाई जैसे ब्रांडों को डुबो दिया। प्रौद्योगिकी ने पारंपरिक टेलीविजनों, ओवनों और टेलीफोनों के उत्पादकों को भी इतिहास के गर्त में डुबो दिया है।

60 के दशक में जापानी कंपनियों की मार की बदौलत बहुत सी अमेरिकी ऑटोमोबाइल कंपनियाँ, साथ ही कई बड़ी यूरोपीय घड़ी और कैमरा व इलेक्ट्रोनिक ब्रांड गायब हो गए। अब जापानी ब्रांड खुद ही कोरियाई कंपनियों से पीछे छूट गए हैं और दुनिया की फैक्टरी अब चीन है जहाँ सबकुछ और कुछ भी जोड़ा जा सकता है। देशों और उद्योगों के बीच अस्तित्व के लिए ऐसी थकाऊ लड़ाइयों ने बहुराष्ट्रीय कंपनियों को यह एहसास करा दिया है कि 'यदि आप नहीं बदलेंगे, तो आपका अस्तित्व समाप्त हो जाएगा।'

यही वजह है कि परिवर्तन कॉरपोरेटों के लिए एक अत्यंत गंभीर, करोड़ों डॉलर का व्यवसाय है। और, बदलने में विफल रहना उनके लिए व्यावसायिक रूप से घातक हो सकता है, जबकि व्यक्तियों के मामले में ऐसा नहीं होता। कॉरपोरेटों के लिए परिवर्तन सँभालना अधिक मुश्किल इसलिए है, क्योंकि उन्हें सटीक पूर्वानुमान लगाना पड़ता है कि उनके व्यवसाय का कौन सा अंग बदलेगा। वह प्रौद्योगिकी होगी या डिजाइन या उपभोक्ता की रुचि? और परिवर्तन का आवेग किस दिशा में महसूस होगा?

हम लोगों के लिए यह उद्योग की दुनिया से कहीं अधिक आसान है, क्योंकि हमें परिवर्तन की दिशाओं का अनुमान नहीं लगाना पड़ता। हम पहले से जानते हैं कि हमारे लिए कौन से गुण आवश्यक हैं। हमें बस अपने आप को बदलते हुए समय के संकेतों की दिशा में चलना होता है।

□

9

अधूरे रिश्ते

हम सभी को क्षमा करते हुए इन रिश्तों और व्यक्तियों से उबरने में सक्षम होना चाहिए। मुझे लगता है कि पहले उनका दृष्टिकोण समझना चाहिए और तभी, अगर हमें लगता है कि वे सही हैं, हम उन्हें माफ कर सकते हैं।

हमारे दु:ख की बहुत सी वजहें अधूरे रिश्तों से उत्पन्न होती हैं। ये रिश्ते आपके माता-पिता के साथ, प्रियजनों के साथ या मित्रों के साथ हो सकते हैं। जब रिश्ते अपूर्ण होते हैं, मैं पाता हूँ कि वे हमारे भीतर कुलबुलाते रहते हैं और वे कष्टप्रद विचारों या सपनों के रूप में उभरते हैं। कभी-कभार वे बार-बार आने वाले सपने बन जाते हैं। चाहे जो हो, जब हम पुरानी बातें याद करते हैं तो ये परेशान करनेवाले विचार हमें दु:खी बना जाते हैं।

ऐसा क्यों है? इसलिए, क्योंकि हम सभी हर रिश्ते में एक निश्चयात्मकता, एक समापन की चाह रखते हैं।

समापन क्या है? यह एक भावनात्मक समझौता है। इसी वजह से मनोवैज्ञानिकों का कहना है कि एक खराब शादी में, तकलीफदेह रिश्ते में रहने की अपेक्षा तलाक लेना बेहतर विकल्प है। क्योंकि तलाक एक अंत है। यह

शादी से जुड़े सभी झगड़ों, तकलीफ और शिकायतों का अंत है। उसके बाद व्यक्ति जीवन में आगे बढ़ सकता है।

यही तर्क अन्य नासूर बन चुके रिश्तों पर भी लागू होता है। कोई अपने पुरुष मित्र या महिला मित्र द्वारा अचानक ठुकराया जाना पसंद नहीं करता। हम रिश्ता टूटने की वजह जानना चाहते हैं। हम सभी रिश्तों को एक अंत देना चाहते हैं।

हम सभी को क्षमा करते हुए इन रिश्तों और व्यक्तियों से उबरने में सक्षम होना चाहिए। मुझे लगता है कि पहले उनका दृष्टिकोण समझना चाहिए और तभी, अगर हमें लगता है कि वे सही हैं, हम उन्हें माफ कर सकते हैं। परंतु आप उनके नजरिए से कैसे देख सकते हैं? थिएटर में एक सशक्त माध्यम है, जो इस बारे में हमारी सहायता कर सकता है। हम उसे भूमिका निभाना (रोल प्लेइंग) कहते हैं।

मान लेते हैं कि आपने परिवार की कार को नुकसान पहुँचा दिया है और इसे लेकर आपके पिता के साथ आपकी तनातनी हो गई है। निश्चित रूप से आप इस घटना को अपने दृष्टिकोण से देखेंगे कि आपने एक वर्ष में सिर्फ एक बार कार टकराई है। लेकिन अब भूमिका निभाने का प्रयास शुरू कीजिए और अपने आप को उनके स्थान पर रख कर देखिए। फिर अपने मित्र को बिगड़े हुए उन्नीस साल के बेटे की अपनी भूमिका निभाने को कहिए। उसे आपके ढीठ लहजे में आपसे कहने दीजिए : 'डैड, मैंने आज कार टकरा दी।' फिर छियालीस वर्षीय पिता की भूमिका में आइए और अपने मित्र से कहिए कि किस तरह आपने उस रात कार ड्राइव करने के खिलाफ चेताया था, क्योंकि बारिश के बाद सड़कें फिसलन भरी हो गई थीं। कि आप उससे इस वजह से नाराज नहीं हैं कि उसने कार टकरा दी, बल्कि आप इसलिए निराश हैं कि उसने आपकी सलाह नहीं सुनी। और इससे भी बुरी बात यह है कि उसे कोई पछतावा नहीं है। फिर आपका मित्र कहेगा कि 'मैं टोकाटाकी के आपके इस रवैए से तंग आ चुका हूँ,' और कुछ इसी तरह की बातें।

आप जितना अपने पिता की भूमिका में आगे बढ़ते जाएँगे, आप उनकी प्रकृति, भावनाओं और सोच को समझने लगेंगे और आप जितना अधिक उनके दृष्टिकोण को समझेंगे, आपको अपना गलत व्यवहार समझ में आने लगेगा। यदि आप एक लड़की हैं, तो आप अपनी माँ की भूमिका निभा सकती हैं, जिन्होंने नए जूते खरीदने की आपकी माँग ठुकरा दी है, क्योंकि वह बजट में नहीं समा रही।

इस प्रकार भूमिकाएँ निभाना स्थितियों और लोगों को समझने में मदद करता है। इसे आजमाकर देखिए आपके हाथ निराशा नहीं लगेगी, क्योंकि अपने आप को बदलने के लिए भूमिका निभाना एक बढ़िया अज़्यास है। दुनिया भर में ग्रुप थेरेपी कार्यशालाओं में इसे व्यापक रूप से इस्तेमाल किया जाता है और यह थेरेपी के रूप में अभिनय की अवधारणा का एक अंग है।

अभिनय और भूमिका निभाने के बीच क्या संबंध है? एक प्रकार से, हर अभिनेता एक भूमिका निभाता है। लेकिन उस प्रस्तुतीकरण को अधिक प्रभावशाली बनाने के लिए, बहुत सी तकनीकों का सहारा लिया जाता है, जिनमें से एक है मेथेड एक्टिंग। इस तकनीक के भी कई रूप हैं, परंतु इसमें मूल रूप से उस अभिनेता का चरित्र की संवेदनाओं और स्मृतियों में घुसना शामिल होता है। ऐसा करने के लिए, मैं सामान्यत: अभिनेताओं को चरित्र की एक 'बैक स्टोरी' पर काम करने के लिए कहता हूँ।

उदाहरण के लिए, यदि मैं पति और पत्नी के बीच वैवाहिक अनबन के बारे में कोई दृश्य कर रहा हूँ, तो यह सोचना महज़्वपूर्ण है कि उस पुरुष को कौन सी चीज परेशान करती है। मेरा मतलब है, उसके बचपन में जाएँ। क्या उसका बचपन अशांत था? क्या उसके भाई-बहन नहीं थे? वह एक तनावग्रस्त बच्चा था या खुशमिजाज? फिर, उसकी किशोरावस्था में क्या हुआ? क्या वह लड़कियों के साथ सहज नहीं था या उनके साथ आसानी से घुल-मिल जाता था? फिर उसका पेशा कैसा था : वह कामयाब था या नाकामयाब, आर्थर मिलर

की 'डेथ ऑफ ए सेल्समैन' के महान् विली लोमान की तरह? तो क्या वह अपनी पेशेवराना कुंठाओं को अपनी पत्नी पर निकाल रहा है? और उनके विवाद की प्रकृति क्या है—यह तथ्य कि वह बदलना नहीं चाहता?

ये सभी सवाल एक अभिनेता को चरित्र में प्रवेश करने और उससे जुड़ी भावनाओं को सामने लाने में मदद करते हैं।

इसी तरह उपचार करने के लिए और ईमानदारी से अपने जीवन का विश्लेषण करें—यह समझें कि आप जो हैं, वह क्यों हैं तो आपको कुछ मुश्किल उज़र मिलेंगे। और जो व्यक्ति आपकी भूमिका निभा रहा है, वह स्थितियों को नाटकीय रूप देकर दरशाएगा कि आप दूसरों के सामने किस रूप में होते हैं। यह एक अद्‌भुत अनुभव है और दरशाता है कि अभिनय कैसे उपचारात्मक हो सकता है और यह भूमिका निभाने के अज़्यास की सामर्थ्य को सामने लाता है।

भूमिका निभाने के अज़्यास का महज़्वपूर्ण पक्ष यह है कि यह जितना जिद्‌दी किशोरों पर लागू होता है, उतना ही कॉरपोरेट एक्जीक्यूटिव पर भी और जब इसमें समूह शामिल होते हैं, तो यह अधिक सरल हो जाता है। क्योंकि तब आपकी जगह आकर आपकी भूमिका निभाने के लिए किसी को ढूँढ़ना आसान हो जाता है, क्योंकि हर किसी को किसी और की भूमिका करनी होती है।

कॉरपोरेट एक्जीक्यूटिव के मामले में, जो लोग कॉरपोरेट की राह को अधिक फिसलन भरी पाते हैं या जो महसूस करते हैं कि उनकी कंपनियाँ उन्हें कम भुगतान कर रही हैं, भूमिका निभाने का अज़्यास उन्हें उनकी कमियाँ दिखाता है और यह तथ्य सामने लाता है कि वे अपने क्लाइंटों और बॉसों के साथ कैसे पेश आते हैं। मित्र उनके चरित्र की पेचीदगियों को प्रभावी ढंग से उभार सकते हैं।

मैंने पति-पत्नी संबंध का उदाहरण दिया, क्योंकि मेरे अनुभव में, यह संबंध हमारे समय में सबसे तनावपूर्ण और चिंताजनक रिश्ता है। हमारे माता-पिता की

पीढ़ी में, जहाँ लैंगिक भूमिकाएँ बहुत स्पष्ट रूप से रेखांकित होती थीं, उसके विपरीत आज भूमिकाओं में नाटकीय बदलाव आया है। अब पत्नियाँ हमेशा अधीन नहीं होतीं। सिर्फ पति ही घर नहीं चलाते। आखिरकार, यह मुद्दा अधिकांशत: इस बारे में होता है कि घर में किसकी चलती है। आज रात अपने पति/पत्नी की भूमिका निभाएँ और आपको उज़र मिल जाएगा।

□

10

खुशी की तलाश

याद रखिए, उदासी और दुःख कोई ऐसी चीज नहीं है, जिससे घृणा या भय किया जाए; वे मनुष्य की प्रकृति को समृद्ध बनाते हैं। वे हमें साहस प्रदान करते हैं और जीवन को जीने लायक बनाते हैं।

हर कोई खुशी चाहता है और अधिकतर लोग धन नहीं, बल्कि खुशी की तलाश करते हैं। फिर भी, विशुद्ध, संपूर्ण प्रसन्नता, जहाँ पर अप्रसन्नता लेशमात्र न हो, का अस्तित्व ही नहीं है। यह बात एक प्रकार से विरोधाभास लगती है, परंतु ऐसा नहीं है।

प्रत्यक्ष रूप से, बहुत से लोग कहेंगे कि यदि खुशी का अस्तित्व ही नहीं है, तो उसकी तलाश करने का क्या मतलब है?

परंतु, धैर्य रखिए तभी आप इस विरोधाभास को समझ पाएँगे।

कई वर्ष पहले, मैंने एक पौराणिक इटालियन लोककथा 'द हैप्पी मैंस शर्ट' पढ़ी थी, जिसे अब इटालो कैलविनो द्वारा फिर से प्रस्तुत किया गया है। मैं उसका मूल रूप आपके सामने रखना चाहता हूँ—

राजा गिफाड एक शांतिपूर्ण और शक्तिशाली राज्य पर शासन करते थे।

उनकी प्रजा उन्हें पूजती थी और पूरी तरह उन पर विश्वास करती थी। उनका साम्राज्य बहुत सुखी था।

राजा का एक युवा पुत्र राजकुमार जोनाश था। बुद्धिमान, प्रतिभाशाली और खूबसूरत युवक जोनाश कुछ दिनों से गहरी अप्रसन्नता की स्थिति में था। काफी प्रयासों के बाद भी राजा समझ नहीं पा रहा था कि उसका पुत्र हर समय इतना दु:खी क्यों रहता है। राजकुमार अकसर अपने कमरे की खिड़की के पास बैठकर शून्य दृष्टि से खिड़की से बाहर देखता रहता, उसे अपने आसपास घट रही घटनाओं में कोई दिलचस्पी नहीं थी। भव्य समारोहों और शाही उत्सवों में भी वह अप्रभावित सा रहता।

राजा गिफाड बहुत दिनों तक यह सहन नहीं कर पाए और उन्होंने अपने पुत्र से यह पूछने का निर्णय किया कि कौन सी बात उसे परेशान कर रही है। 'जोनाश, कौन सी बात तुझ्हें इतना खाए जा रही है? तुझ्हारे पास किस चीज की कमी है? कौन सी चीज तुझ्हें इतना परेशान कर रही है? कुछ समय से तुम खुश नहीं हो। मुझे बताओ, मैं तुझ्हारी मदद करने की कोशिश करूँगा।'

युवा राजकुमार ने बस कंधे उचका दिए।

'क्या किसी हसीना ने तुझ्हें सझ्मोहित कर लिया है? महल में भटकने की बजाय उसके लिए अपना प्रेम प्रदर्शित करने के इससे बेहतर तरीके हैं।'

'नहीं पिताजी, यह लड़की की बात नहीं है। सच में मैं नहीं जानता कि मैं इतना दु:खी क्यों हूँ। मैं किसी चीज में खुशी नहीं महसूस करता। मैं खुश रहना चाहता हूँ, लेकिन नहीं जानता कि ऐसा कैसे करूँ।'

राजा को यह बात समझ नहीं आई, परंतु उसे यकीन था कि यदि राजकुमार ऐसे ही दु:खी रहा, तो वह जीवित नहीं रह पाएगा। राजा ने महसूस किया कि अब राजकुमार जोनाश को चिकित्सा की जरूरत है। उसने अपने बेहतरीन चिकित्सकों, ज्योतिषियों और विद्वानों के लिए एक फरमान जारी किया कि वे

बैठकर यह तय करें कि इस स्थिति में क्या किया जाना चाहिए।

लगातार तीन दिनों के विचार-विमर्श के बाद ज्योतिषियों ने आखिरकार एक हल निकाला।

मुज़्य ज्योतिषी जांकलो ने कहा, 'महाराज, हमने इस मुद्दे पर काफी विचार किया है। अपने राजकुमार की सहायता करने के लिए, हमें एक ऐसा व्यक्ति खोजना होगा जो पूरी तरह सुखी हो; ऐसा व्यक्ति जो अपने जीवन से पूरी तरह संतुष्ट हो।'

राजा थोड़ा चौंके, 'मुझे एक संतुष्ट और सुखी व्यक्ति ढूँढ़ना होगा!'

'हाँ महाराज, और जब आप उस सुखी व्यक्ति को ढूँढ़ लें, आपको उसकी कमीज अपने बेटे के लिए खरीदनी होगी। इसके बाद सब ठीक हो जाएगा।'

राजा ने इस पर विचार किया और अंततः इसके लिए तैयार हो गया। उसने पूरे राज्य में इश्तिहार लगवा दिए कि जो भी एक पूर्णतः सुखी व्यक्ति के बारे में बताएगा, उसे बड़ा ईनाम मिलेगा। उसने घोषणा की और अपने संदेशवाहकों को दूर-दूर तक ऐसे व्यक्ति की तलाश में भेजा जिसकी कमीज उसके पुत्र को फिर से जीवंत बना सके। जल्दी ही लोगों ने राजा से मिलने के लिए भीड़ लगाना शुरू कर दिया।

राजा के सामने पेश किया जानेवाला पहला व्यक्ति एक पुजारी था।

'क्या आप सुखी हैं?' पुजारी के लिए राज़ा का प्रश्न सरल और प्रासंगिक था।

'हाँ महाराज, मैं बहुत सुखी हूँ।'

'ठीक है, तो आप क्या शाही पुजारी बनना चाहेंगे?' राजा ने पूछा। यह सुनकर पुजारी का चेहरा चमक उठा।

'बिलकुल महाराज, आपकी सेवा करने से अधिक प्रसन्नता की बात कुछ नहीं हो सकती।'

राजा को क्रोध आ गया, वह गुस्से में चिल्लाया, 'इससे पहले कि मैं तुम्हें जेल में डलवा दूँ, निकल जाओ मेरे महल से! तुम झूठे हो। तुम पूरी तरह संतुष्ट या सुखी नहीं हो। तुममें और अधिक की इच्छा शेष है। मेरे किले से निकल जाओ!'

तलाश जारी रही, किंतु ऐसा कोई नहीं मिला। दो सप्ताह बाद, एक पड़ोसी राजा के बारे में सूचना मिली जिसे असाधारण रूप से सुखी व्यक्ति माना जाता था। उसकी एक खूबसूरत पत्नी और कई बच्चे थे। उसका कोई शत्रु नहीं था और उसका राज्य शांतिपूर्ण और शक्तिशाली था। राजा ने यह सोचकर कि शायद अब उसकी प्रार्थनाओं का फल मिले, अपना दूत उसके पास भेजा।

'उस राजा ने दूत को बताया कि 'यह सच है कि मेरे पास वह सबकुछ है, जो मैं इच्छा कर सकता हूँ। मेरी एकमात्र चिंता यह है कि मैं जल्दी ही मृत्यु को प्राप्त हो जाऊँगा और यह सब खो दूँगा। यह बात मुझे इतनी चिंतित करती है कि यह मुझे रातों को जगाए रखती है।' यह सुनते ही दूत को लग गया कि इस राजा की कमीज ले जाने का कोई लाभ नहीं है।

दूत से उस राजा का सज जान राजा गिफाड बहुत निराश और परेशान हुआ। उसकी समझ में नहीं आ रहा था कि अब वह क्या करे? उसका पुत्र दुःख की प्रतिमूर्ति था और राजा उसके लिए कुछ नहीं कर सकता था, जब तक कि उसे वह कमीज नहीं मिलती।

अपना दिमाग शांत करने के लिए, राजा ने शिकार पर जाने का फैसला किया। मैदान में, उसने कुछ मीटर दूर एक खरगोश पर तीर चलाया। तीर चौंके हुए खरगोश को केवल स्पर्श करके निकल गया और वह जंगल में भाग गया। खरगोश का पीछा करते-करते राजा अपने शिकार दल से अलग भटक गया। कुछ मिनटों बाद उसने खरगोश का पीछा करने का इरादा छोड़ दिया और अन्य

लोगों के पास लौटने का फैसला किया, लेकिन रास्ते में किसी चीज ने उसे रोक लिया। उसकी बाईं ओर से एक अजीब सी आवाज आ रही थी। जब वह आवाज के पास पहुँचा, तो राजा को पता चला कि कोई सीटी बजा रहा था। उसके सामने सरकंडों के बीच एक खूबसूरत युवक लेटा हुआ था। वह युवक पीठ के बल लेटा हुआ आसमान में तैरते बादलों को निहार रहा था।

'हे युवक! सुनो! क्या तुम देश के राजा के व्यक्तिगत सलाहकार के पद पर नियुक्त होना चाहोगे?' राजा ने पूछा।

'मैं? सलाहकार?' युवक उठ बैठा और अपनी ठुड्डी खुजाने लगा, 'वह तो बहुत परेशानीवाला पद है। मेरी उसमें कोई दिलचस्पी नहीं है। मैं जैसा हूँ, अच्छा हूँ।'

राजा का चेहरा खुशी से चमकने लगा। उसने स्वीकारा, 'तुम ही वह सुखी व्यक्ति हो। ईश्वर का शुक्र है कि आखिरकार एक पूरी तरह खुश व्यक्ति मिला! जल्दी से खड़े हो जाओ, युवक!' राजा उस युवक को अपने सेवकों के पास ले गया, 'मेरा पुत्र अब बच जाएगा! अब भी मेरे बेटे के लिए उज़्मीद बची है!' वह युवक की ओर मुड़ा और गर्मजोशी से कहा, 'तुम मुझसे कुछ भी माँग सकते हो, युवक। परंतु मुझे ज़ी तुमसे कुछ चाहिए।'

युवक ने विचित्र निगाहों से राजा की ओर देखा, 'आपको मुझसे जो भी चाहिए, आप ले लीजिए, महाराज।'

'मेरा पुत्र, राजकुमार जोनाश, मर रहा है और सिर्फ तुम ही उसे बचा सकते हो। यदि मैं तुज़्हारी कमीज उसे पहना दूँ, तो वह बच जाएगा। यहाँ आओ।'

राजा ने मुसकराते हुए युवक के कंधे थपथपाए और उसकी कमीज के बटन खोलने के लिए हाथ आगे बढ़ाए, फिर अचानक रुक गया। उसके हाथ नीचे आ गए।

सुखी व्यक्ति ने कमीज ही नहीं पहनी हुई थी।

तो, इस कहानी का संदेश यह है कि राजा को एहसास हो गया कि असली खुशी किसी और से खरीदी नहीं जा सकती। अपने सामने खड़े युवक को, जिसका जीवन उसके पुत्र के जीवन से बहुत अलग था, देखते हुए राजा ने महसूस किया कि असली संतोष और खुशी अंदर से आती है और उसका इससे कोई लेना-देना नहीं है कि हमारे पास कितना धन है।

अंत में उसे पता चल गया कि वह अपने पुत्र को कैसे ठीक कर सकता है।

हमारा जीवन भी ऐसा ही होना चाहिए। हमें समझना चाहिए कि खुशी अपने जीवन में हर सुख-सुविधा का होना नहीं है, बल्कि हमारे पास जो है, उसमें खुश रहना है। हम पहले चर्चा कर चुके हैं कि भौतिक संपन्नता में खुशी शामिल नहीं है, बल्कि यह तर्क उससे परे है। मैं यहाँ पर इस बात पर बल देना चाहता हूँ कि एक सुखी व्यक्ति वह है जो दु:ख में भी सुखी रहे। यह एक गलत धारणा है कि सुख का अर्थ दु:ख का न होना है। मैं मानता हूँ कि जीवन आपको जो भी देता है, आपको उसका अधिकतम लाभ उठाना चाहिए। जब आप दु:ख को भी उसी तरह अपनाएँगे, जिस तरह सुख को, तभी आप उन दोनों से ऊपर उठ सकते हैं।

याद रखिए, उदासी और दु:ख कोई ऐसी चीज नहीं है, जिससे घृणा या भय किया जाए; वे मनुष्य की प्रकृति को समृद्ध बनाते हैं। वे हमें साहस प्रदान करते हैं और जीवन को जीने लायक बनाते हैं। मैं अपने जिन दिनों को याद करता हूँ, उन 20 मुश्किल दिनों को कभी नहीं भूल सकता, जो मुझे मुंबई में एक रेलवे प्लेटफॉर्म पर बिताने पड़े, क्योंकि मेरे सभी ऋणदाताओं ने मुझे कर्ज देने से इनकार कर दिया था।

यहाँ मैं राष्ट्रपति रिचर्ड निक्सन के यादगार विदाई भाषण से उद्धरण देना चाहूँगा, जिन्हें वाटरगेट स्कैंडल के कारण दुनिया के सबसे शक्तिशाली पद से हटने पर (अगस्त 1974 में) मजबूर होना पड़ा था। जब वह विपरीत परिस्थितियों में ह्वाइट हाउस छोड़ रहे थे, तो उन्होंने राष्ट्रीय टेलीविजन पर कहा :

'जब आप बहुत गहरी खाई में रह चुके होते हैं, तभी आप समझ सकते हैं कि सबसे ऊँची चोटी पर होना कितना शानदार होता है।'

□

11

अनासक्त रहें

बदले में किसी चीज की अपेक्षा न करते हुए, हम किसी संभावित दुःख को कम कर देते हैं। यह सबसे विनम्र और सबसे स्पष्ट अनुकरणीय उदाहरण है।

कुछ वर्ष पहले, उत्तर-पश्चिमी इंग्लैंड के लेक डिस्ट्रिक्ट में मैं बी.बी.सी. को इंटरव्यू दे रहा था। यह इंटरव्यू दो दिन चला और इसे किसी इनडोर स्टुडियो में नहीं, बल्कि ब्रिटेन के प्रसिद्ध ग्रामीण क्षेत्र के इस सबसे खूबसूरत हिस्से में चहलकदमी करते हुए किया गया। साहित्य का ज्ञान रखनेवाले लोगों को याद होगा कि इंग्लैंड के इसी भाग में रोमानी कवि पर्सी शेले, विलियम वड्र्सवर्थ और सेमुअल कोलरिज रहा करते थे।

मेरे पास बहुत समय था और मैंने सबसे अधिक पूछे जानेवाले सवाल का उत्तर देना शुरू किया, सवाल था : 'यदि हमें सिर्फ सुख की तलाश न करनी हो, तो जीवन में हमारा दृष्टिकोण क्या होना चाहिए?'

एक तरह से, मैंने पिछले अध्याय में यह समझाने की कोशिश की है कि हमें दुःख में भी खुश रहना चाहिए। परंतु वह उत्तर शायद अधिक सपाट और दार्शनिक था।

सीधे-सादे शब्दों में कहूँ तो मेरे खयाल से यह संन्यासी होने जैसा है : अच्छे या बुरे अनुभवों से अप्रभावित रहना। यह किसी राजनयिक कार्यक्रम में एक सरकारी पर्यवेक्षक होने की स्थिति की तरह है। वह निरपेक्ष भाव से सिर्फ देखता है। वह कार्यवाही में भाग नहीं लेता या उससे प्रभावित नहीं होता।

हम भावनाओं से प्रभावित हो जाते हैं, क्योंकि हम घटनाओं का हिस्सा बन जाते हैं और उनमें उलझ जाते हैं। हमें असली संन्यासियों की तरह बनना चाहिए, जो प्रेम या घृणा, खुशी या दुःख, सभी भावनाओं से ऊपर होते हैं। संक्षेप में, हमें अनासक्त बन जाना चाहिए।

बहुत से लोगों को इस विचार में बौद्ध धर्म और कई भारतीय धर्मों जैसे हिंदू और जैन धर्म का सार दिखेगा। ये धर्म भी जीवन के प्रति ऐसे अनासक्त दृष्टिकोण की बात करते हैं।

लगाव या आसक्ति के अलावा, अपूर्ण उम्मीदें भी दुःख को प्रेरित करती हैं। इसलिए, हम खुद को एक कर्मयोगी की भूमिका में रख सकते हैं, जिसमें हम लाभ के बारे में सोचे बिना अपना काम करते हैं। हमें अपना काम अच्छी तरह किसी विशेष पहचान के लिए नहीं, बल्कि इसलिए करना चाहिए, क्योंकि वह हमारा कर्म है। इसी प्रकार हमें अच्छे काम किसी का आभार लेने के लिए नहीं, बल्कि इसलिए करना चाहिए, क्योंकि वह हमारा धर्म है। बदले में किसी चीज की अपेक्षा न करते हुए, हम किसी संभावित दुःख को कम कर देते हैं। यह सबसे विनम्र और सबसे स्पष्ट अनुकरणीय उदाहरण है।

यहाँ मुझे मुंबई में जन्मे नोबेल पुरस्कार विजेता ब्रिटिश कवि-कहानीकार रुडयार्ड किपलिंग द्वारा 1895 में लिखी गई महान् प्रेरणादायी कविता 'इफ' याद आती है, जो सबसे पहले 1909 में 'रिवार्ड्स ऐंड फेयरीज' शीर्षक से उनकी लघु कथाओं तथा कविताओं के संग्रह में आई थी। यह कविता प्रेरणादायी है और 'समझदारी भरे' जीवन के लिए कई नियम बताती है। इसमें जीवन के लिए आदर्श और सूक्तियाँ निहित हैं, और यह व्यक्तिगत निष्ठा, व्यवहार और आत्म-विकास के लिए एक रूपरेखा प्रदान करती है। मैं महसूस करता हूँ कि 'इफ' लोकाचार और व्यक्तिगत दर्शन के रूप में किपलिंग द्वारा लिखे जाने के काल के मुकाबले

वर्तमान कार्मिक काल में और भी अधिक प्रासंगिक है। इसलिए इस कविता की पंक्तियाँ विंबलडन सेंटर कोर्ट के प्लेयर्स एंट्रेंस पर देखकर कोई हैरत नहीं होती, यह उसके शाश्वत और प्रेरणास्पद गुण का एक प्रभावशाली उदाहरण है।

मैं इस अध्याय को 'इफ' की चंद पंक्तियों के साथ समाप्त करना चाहूँगा। परंतु, ऐसा करने से पहले, मैं यहाँ उल्लेख करना चाहूँगा कि 'इफ' का सौंदर्य और लालित्य, रुडयार्ड किपलिंग के अधिकांशतः दुःखद और त्रासदीपूर्ण जीवन के अत्यंत विरोधाभास में है। उन्हें अपने माता-पिता द्वारा कभी प्रेम और सज़्मान नहीं मिला और उन्हें बाहर भेज दिया गया; उनकी पालक माता ने उन्हें शारीरिक और मानसिक प्रताड़ना दी; एक पज़्लिक स्कूल में वह फेल हो गए। बाद के जीवन में, उनके दो बच्चों की मृत्यु ने भी किपलिंग को बहुत गहरे व्यथित किया।

'यदि तुम सपने देख सकते हो—और सपनों को अपना स्वामी नहीं बनाते,
यदि तुम सोच सकते हो—और विचारों को अपना लक्ष्य नहीं बनाते;
यदि तुम विजय और विपज़ि का सामना कर सकते हो
और इन दोनों ठगों को समान रूप से देख सकते हो···
यदि तुम एक निर्मम मिनट को
साठ सेकेंड के फासले से भर सकते हो,
तो यह धरती और इसकी हर चीज तुज़्हारी है,
और—इससे भी अधिक—तुम मानव हो जाओगे पुत्र!'

□

12

पुनर्विचार करें और सीखें

अब समय है कि हम समझें कि हमारी प्रतिक्रियाएँ बेहतर या बदतर नतीजों को प्रेरित करती हैं। वे हमारा जीवन बना सकती हैं; या बिगाड़ सकती हैं। इसी कारण मैं मानता हूँ कि हमारी नियति अकसर हमारे ही हाथों में होती है।

कई साल पहले मैंने महसूस किया कि अकसर आपकी प्रतिक्रिया का तरीका घटनाओं के नतीजे को आकार देता है।

हम इस बात को समझ नहीं पाते और हममें से अधिकतर लोग खुशी-खुशी अपना जीवन उसी तरह व्यतीत करते रहते हैं, जैसा हमेशा से करते रहे होते हैं और कभी अपने कार्यों पर पुनर्विचार करने या उससे सीखने का प्रयास नहीं करते। और दीर्घकाल में हमारे कार्य हमारी नियति को भी प्रभावित करते हैं।

यह एक यादगार बात है कि मैं 19 जून को यह अध्याय लिख रहा हूँ, जो फादर्स डे के रूप में मनाया जाता है। मैं अपने पिता से संबंधित एक घटना के बारे में बताना चाहूँगा, जिसने मुझे क्रिया और प्रतिक्रिया के बारे में बहुत कुछ सिखाया।

मैं एक निज़्न मध्यवर्गीय परिवार से संबंध रखता हूँ। मेरे पिताजी हिमाचल प्रदेश सरकार में सरकारी कर्मचारी थे और हम लोग शिमला में रहते थे। उनकी

आय से बहुत मुश्किल से परिवार की जरूरतें पूरी हो पाती थीं और इसका नतीजा यह था कि किसी रेस्तराँ में भोजन के लिए जाना शायद ही कज़ी हो पाता था।

सरकारी सेवा में रहने के कारण, उन्हें एक-दो दिन पहले सेकेंडरी स्कूल नतीजों के बारे में पता चल जाता था। मैं बहुत होशियार छात्र नहीं था। इसलिए, जब दसवीं के नतीजों की संभावित घोषणा से दो दिन पहले मेरे पिता ने मुझे एक रेस्तराँ चलने को कहा, तो मुझे इस बात की बहुत उत्सुकता थी कि आखिर मौका किस बारे में है। कचौड़ी और समोसे खाने के बाद भी मैं उस दावत की वजह के बारे में सोच रहा था, तभी मेरे पिता ने कहा : 'बेटा, मुझे तुज़्हें एक बुरी खबर देनी है; तुम दसवीं की परीक्षा में फेल हो गए हो।'

मैंने अपने पिता से बहुत सी चीजें सीखी हैं, लेकिन इनमें सबसे यादगार यह घटना थी, जब उन्होंने मेरे फेल होने की निंदा नहीं की। बल्कि, उन्होंने इसे बहुत बढ़िया तरीके से और सावधानी से सँभाला। आज के परिदृश्य में, जब आप नतीजे आने के बाद फेल होने पर बहुत सी दुःखद घटनाओं के बारे में सुनते हैं, मैं अपने पिता की असाधारण भावनात्मक बुद्धि को महसूस करता हूँ। मुझे नहीं लगता कि कोई अन्य पिता उनकी तरह इस स्थिति को सँभालता। आज भी, मुझे लगता है कि चंद ऐसे पिता होंगे, जो मेरे पिता की तरह सोचते होंगे।

उस घटना को दशकों बीत चुके हैं। और आज, मैं 1989 में प्रकाशित अंतरराष्ट्रीय बेस्टसेलर 'द सेवन हैबिट्स ऑफ हाइली इफेक्टिव पीपुल' के लेखक और सबसे प्रसिद्ध प्रबंधन विचारकों में एक स्टीफन कोवे के 90:10 सिद्धांत में ऐसा ही दृष्टिकोण पाता हूँ। उनका कहना है कि मूल रूप से 10 फीसदी जीवन ही आपके साथ होनेवाली घटनाओं से बना होता है; 90 फीसदी जीवन आपकी प्रतिक्रिया से प्रेरित होता है।

कोवे अपने सिद्धांत को एक उदाहरण से समझाते हैं कि यदि काम पर जाते समय आपकी बेटी आपकी कमीज पर कॉफी गिरा दे, तो आपकी प्रतिक्रिया क्या हो सकती है। एक दृश्य यह हो सकता है : आप अपनी बेटी पर चिल्लाते हैं (और वह रोने लगती है!); आप कॉफी का मग इतने किनारे पर रखने के लिए अपनी पत्नी पर चिल्लाते हैं और आप दोनों बहस करने लगते हैं; आप जल्दी से अपनी

कमीज बदलते हैं और फिर हड़बड़ी में अपना ब्रीफकेस छोड़कर निकल जाते हैं—और पुलिसवाला तेज गाड़ी चलाने के कारण आपको रोक लेता है, आप पर जुरमाना लगाता है और आप और लेट हो जाते हैं···फिर यह दिन भर चलता रहता है।

एक और दृश्य हो सकता है : आप अपनी बेटी को अगली बार अधिक सावधान रहने के लिए कह सकते हैं, फिर आराम से अपनी कमीज बदलते हैं और अपना ब्रीफकेस लेकर आराम से गाड़ी चलाते हुए निकलते हैं।

दोनों दृश्य एक ही तरीके से शुरू हुए, लेकिन दोनों का अंत नाटकीय रूप से भिन्न हुआ। क्यों? आपकी प्रतिक्रिया की वजह से।

अब समय है कि हम समझें कि हमारी प्रतिक्रियाएँ बेहतर या बदतर नतीजों को प्रेरित करती हैं। वे हमारा जीवन बना सकती हैं; या बिगाड़ सकती हैं। इसी कारण मैं मानता हूँ कि हमारी नियति अकसर हमारे ही हाथों में होती है।

□

13

वर्तमान में जीएँ और अतीत को विस्मृत करें

'जीवन तूफान से बचने का नाम नहीं है, वह बारिश में नाचने का नाम है।' हर पल को जीते हुए, हमें दुःख के समय दुःख और सुख के समय खुशी का अनुभव करना चाहिए।

आप सभी को शायद महान् उर्दू शायर और हिंदी फिल्म गीतकार साहिर लुधियानवी का यह गीत याद होगा, जिसे मोहज़्मद रफी ने देव आनंद की सदाबहार फिल्म हम दोनों (1961) के लिए स्वर दिया था—

मैं जिंदगी का साथ निभाता चला गया;
हर फिक्र को धुएँ में उड़ाता चला गया…।

दु:ख का एक मुज़्य कारण यह है कि हममें से अधिकतर लोग अतीत या भविष्य के बारे में चिंतित रहते हैं या उसके बारे में सोचते रहते हैं। हम वर्तमान में जीते हुए उसका अधिकांश लाभ नहीं उठाना चाहते। हम ऐसी बीती घटनाओं को याद करते रहते हैं, जिन्होंने हमारे जीवन को प्रभावित किया, अधिकांश ने नकारात्मक रूप में और फिर लगातार खुद से कहते रहते हैं—'अगर ऐसा होता, तो कैसा होता?'

यदि हम अतीत को प्रेमपूर्वक याद नहीं करते, तो हम अपने साथ घटी घटनाओं के लिए दूसरों को दोषी ठहराने की कोशिश करते हैं। मुझे बहुत से ऐसे लोग मिले हैं, जो अतीत को स्वीकार नहीं कर पाए; चाहे वह टूटे रिश्तों के संबंध में हो या गए धन के बारे में। दुर्भाग्यवश, वे अपने वर्तमान के लिए कुछ खास नहीं कर पाते, क्योंकि उनका अतीत हमेशा उसमें दखल देता है। ऐसे लोगों के दिमाग में अवसाद आसानी से घर बना लेता है। और फिर स्थितियाँ बिगड़ती जाती हैं।

कृपया याद रखें कि अतीत बदला नहीं जा सकता और भविष्य अनिश्चित होता है। हमारे पास सिर्फ वर्तमान होता है। और वर्तमान ही भविष्य को बदलने में मदद कर सकता है। इसलिए बेहतर यह है कि हम एकाग्र रूप से वर्तमान में जीते हुए अपने पास उपलज़्ध हर पल का लाभ उठाएँ।

ऐसी एकाग्रता कैसे प्राप्त की जाए? ध्यान से। मैंने आगे ध्यान के बारे में संक्षेप में लिखा है, विस्तार से नहीं, क्योंकि उस बारे में पर्याप्त पुस्तकें उपलज़्ध हैं।

फिर ज़ी, हममें से कई लोग यह नहीं जानते कि ध्यान कई सत्रों में किया जानेवाला मन को शांत करनेवाला अज़्यास ही नहीं है। ध्यान उस हर क्रिया के बारे में सजग रहना है, जो हम अपनी चेतनावस्था में करते हैं। दूसरे शज़्दों में, ध्यान का अर्थ हर क्षण को जीना है।

मेरी सुनी हुई सबसे अच्छी कहावतों में एक यह है, जिसका स्रोत फिलहाल अज्ञात—'जीवन तूफान से बचने का नाम नहीं है, वह बारिश में नाचने का नाम है।' हर पल को जीते हुए, हमें दुःख के समय दुःख और सुख के समय खुशी का अनुभव करना चाहिए।

जीवन में किसी अनुभव से बचने की कोशिश नहीं करनी चाहिए; हमें उसे जीना चाहिए। उदाहरण के लिए, हम बचपन को छोड़कर सीधे जवानी में प्रवेश नहीं कर सकते; बच्चे का जीवन जीना और डर, वैर-भाव और दिवास्वप्नों से गुजरना जरूरी है। मैं अपने अनुभव से आपको बता सकता हूँ कि जो बाल कलाकार सामान्य बचपन नहीं बिता पाए, वे हमेशा महसूस करते हैं कि उन्होंने अपने मासूमियत के दिन खो दिए।

इसलिए, यदि आप लिख रहे हैं, जो कि इस क्षण मैं कर रहा हूँ, तो लेखन में खुद को डुबो दें। यदि आप नृत्य कर रहे हैं तो उसमें खो जाएँ। और यदि बारिश हो रही है, जो वर्षा के मौसम में होती है, तो बाहर जाकर उसका आनंद लें। हर पल को इस तरह जीएँ और उसका मजा लें, जैसे कि वह आपका आखिरी पल हो। अंग्रेजी में एक कथन है कि यदि आप सिक्कों का ध्यान रखेंगे, तो पाउंड अपना ध्यान खुद रख लेंगे। इसी प्रकार, मैं मानता हूँ कि यदि हम अपने पलों को जीएँ, तो हमारा जीवन अपने आप खुशगवार हो जाएगा।

प्रेरणादायी और आत्मनिर्भरता पर लिखनेवाले दुनिया के सबसे अधिक पढ़े जानेवाले लेखकों में एक ओग मेंडिनो (अमेरिका), जिन्होंने जीवन की चुनौतियों से जूझ रहे लोगों को उज़्मीद की किरण दिखाई है, को उद्धृत करना चाहता हूँ :

''इस दिन को ऐसे जीएँ मानो यह आपका आखिरी दिन है। याद रखिए कि आपको 'आनेवाला कल' सिर्फ मूर्खों के कैलेंडर पर मिलेगा। बीते हुए कल की पराजयों को भूल जाएँ और आनेवाले कल की समस्याओं को अनदेखा कर दें। यह कयामत का दिन है, जो आपके पास है। इसे वर्ष का बेहतरीन दिन बनाएँ। आप जो सबसे दुःखद शज़्द बोल सकते हैं, वह है : 'यदि मुझे एक और जिंदगी मिल जाती!' अभी कमर कस लें। और दौड़ पड़ें! यह आपका दिन है!''

□

14

मनन अपने आप को समझने में मदद करता है

'पिछली रात मैंने एक सपना देखा कि मैं एक तितली था। अब मैं यह कैसे जान सकता हूँ कि मैं आदमी होने का सपना देख रही तितली नहीं हूँ?' इस अत्यंत सरल प्रश्न की पहेली मुझे हतप्रभ कर देती है।

देश में बंद के दौरान एक शांत सुबह को मैं एक दिलचस्प विचार-प्रवाह से गुजर रहा था। मेरे खयाल से अल्बर्ट आइंस्टीन ने कहा था कि सबसे आसान सवालों के उत्ज़र सबसे मुश्किल होते हैं। मेरे विचार उस स्तर तक पहुँच गए, जब मैं इस शाश्वत आध्यात्मिक प्रश्न में एक नई सिलवट डाल रहा था : मैं कौन हूँ?

मुझे एक दिलचस्प जवाब मिला, जो था : 'मैं स्मृतियों का एक संग्रह हूँ।' वास्तव में वह इस सदियों पुराने प्रश्न की एक बहुत असामान्य व्याज़्या थी, क्योंकि प्रत्येक अर्थ में, हम अपनी स्मृतियों से बने हैं।

आप इस विचार का तात्पर्य तभी समझ पाते हैं जब आप बुजुर्गों में वृद्धावस्था के कारण मानसिक दुर्बलता के लक्षण देखते हैं। वह पुरुष या स्त्री शारीरिक रूप से वही व्यक्ति होता है, परंतु वास्तव में वह व्यक्ति कौन है, जब उसे यह भी याद

नहीं कि वह कौन है? ऐसे लोगों को कानूनी दस्तावेजों पर हस्ताक्षर करने की अनुमति भी नहीं होती; तो वे कौन हैं?

यथार्थ के इस रूप का एक और पक्ष है। इसे कैटरपिलर और तितली के संदर्भ में बहुत खूबसूरती से स्पष्ट किया गया है, जो मेरे खयाल से बौद्ध दर्शन का एक पसंदीदा प्रतीक है। 'सिर्फ इसलिए कि तितली को याद नहीं कि वह एक कैटरपिलर थी, क्या इसका यह अर्थ है कि वह कैटरपिलर नहीं थी?'

इसी प्रकार, हम अकसर सोचते हैं कि क्या हम भी कभी शिशु थे। हमें उस समय की कोई स्मृति नहीं होती, जब हम घुटनों के बल चलते थे और अपने पहले लड़खड़ाते कदम उठाए थे। इसलिए हमें यह समझने के लिए अपने बड़ों और तसवीरों पर भरोसा करना होता है कि हम वास्तव में कभी बच्चे थे।

तितली का एक और दार्शनिक संदर्भ है। यह एक जापानी हाइकु (कविता) है, जिसमें कहा गया है : 'पिछली रात मैंने एक सपना देखा कि मैं एक तितली था। अब मैं यह कैसे जान सकता हूँ कि मैं आदमी होने का सपना देख रही तितली नहीं हूँ?' इस अत्यंत सरल प्रश्न की पहेली मुझे हतप्रभ कर देती है।

कभी-कभी मूल प्रश्न की ओर वापस जाने का लाभ यह है कि यह एक अभिमान मिटानेवाला विचार है और यह हमें जमीनी हकीकत के करीब ले आता है। भाव यह है कि हम सभी दिन भर में अपने विभिन्न चोलों में होते हैं।

एक अभिभावक के रूप में, एक जीवनसाथी के रूप में, अपने माता-पिता के पुत्र या पुत्री के रूप में, ऑफिस में एक कर्मचारी के रूप में या समाज में एक व्यक्ति के रूप में, हम इन व्यक्तित्वों में सहजता से घुसते और निकलते रहते हैं। परंतु कभी कभार सब घालमेल हो जाता है। हम ऑफिस में दबाए गए गुस्से को अपने बच्चों पर निकालते हैं। या हम अपने किशोरवय बच्चों के साथ अपनी समस्याओं का गुबार अपने असहाय और बूढ़े माँ-बाप पर निकालते हैं। ऐसे समय में हम विचार कर सकते हैं : मैं वास्तव में कौन हूँ?

इसके अलावा हमें प्रत्येक सप्ताह एक अधिक विस्तृत समीक्षा; एक प्रकार से अपने कार्यों की परीक्षा करनी चाहिए, जो हमें सही राह पर आने में मदद करेगी। कैथोलिक पादरी वर्ष में एक बार एकांत में जाते हुए ऐसा करते हैं। हम भी समय-समय पर ऐसे चिंतन से लाभ प्राप्त कर सकते हैं। यह हमें बता पाएगा कि हम वास्तव में कौन हैं।

□

15

प्रेरणा महत्वपूर्ण है

...हमारा मन इतना अधिक चंचल होता है कि उसे पवित्र रखने के लिए हर समय मंत्र पर ध्यान लगाने की जरूरत होती है।

अब पीछे की ओर देखने और मनन करने का समय है।

पिछले अध्यायों में, हमने विभिन्न मुद्‍दों पर चर्चा की, जिसमें—मैं कौन हूँ? अपने आप को जानें, अपने व्यक्तित्व में रहें, खुशी की तलाश और भूमिका निभाने जैसे विषय शामिल थे।

परंतु ऐसे सभी प्रयासों का मूल सिद्धांत है, उनका अज़्यास तबतक करते रहना जबतक कि वह हमारे मानसिक साँचे का हिस्सा न बन जाए। यदि हमारे रिश्तों में समस्या है, तो हमें उनसे संबंधित दिशानिर्देशों को देखना और उनका अज़्यास करना चाहिए, जिन पर हमने चर्चा की है। हमें तबतक प्रयास जारी रखना चाहिए जबतक कि हम जिन सकारात्मक चीजों को प्राप्त करने की कोशिश कर रहे हैं, वे हमारे अंदर समाहित नहीं हो जातीं, ताकि नकारात्मक चीजें फिर न उभरें। मैं जानता हूँ कि आत्म सुधार कार्यक्रमों को अपनानेवाले बहुत से लोग बीच में ही प्रयास छोड़ देते हैं, क्योंकि कुछ समय के बाद प्रेरणा का स्तर कम हो जाने

से किसी नई पद्धति का अज़्यास थकानेवाला हो जाता है।

इसीलिए लोगों का फिटनेस सेंटरों में पर्सनल ट्रेनरों की माँग करना आम बात हो गई है। लेकिन व्यक्तिगत मुद्दे अलग हैं और ऐसे कोचिंग से उनका हल नहीं होता। आपको कैसे पता चलेगा कि अपने पुत्र या पुत्री के साथ आपकी तीखी झड़प कब होगी, ताकि आपका पर्सनल कोच उस समय आपके पास हो।

इसलिए मैं बार-बार कहता हूँ कि इसका उपाय लगातार अज़्यास करते रहना है। कोई भी सिर्फ किताबें पढ़कर तैराकी, टेनिस या साइकिलिंग या कोई भी काम नहीं सीख सकता। आपको उस क्षेत्र में पारंगत होने के लिए पानी में, जमीन पर उतरना होगा।

जब मैं किशोरावस्था में था, तब अकसर सोचता था कि भिक्षु और कई बुजुर्ग लोग लंबे समय तक मंत्रों का उच्चारण क्यों करते हैं। मुझे लगता था कि आखिरकार, यदि वे इतने आध्यात्मिक हैं, तो कुछ समय का मंत्रोच्चारण पर्याप्त होगा। वर्षों बाद मुझे समझ आया कि हमारा मन इतना अधिक चंचल होता है कि उसे पवित्र रखने के लिए हर समय मंत्र पर ध्यान लगाने की जरूरत होती है।

इस स्थिति को एक उदाहरण से अच्छी तरह समझाया जा सकता है, जो आजकल ई-मेल पर खूब चल रहा है। एक नवभिक्षु को उसके गुरु ने लगातार कई घंटों तक ध्यान लगाने को कहा। एक दिन, जब वे एक नदी के तट पर थे, युवा भिक्षु ने तंग आकर अपने गुरु से पूछा कि बार-बार ध्यान करने का क्या लाभ है! गुरु मुसकराया और उसने युवक को मछुआरों द्वारा रेत पर छोड़ी गई एक टोकरी उठाने, नदी तक दौड़कर जाने और उसमें थोड़ा पानी भरकर पीने के लिए लाने को कहा। युवक चकित रह गया।

'मैं जालीदार टोकरी में पानी कैसे ला सकता हूँ?'

भिक्षु ने उसे कोशिश करने को कहा। युवक कुछ बूँदें भरकर लाया।

'और तेज दौड़ो,' उसके गुरु ने कहा।

कई कोशिशों के बाद, युवक सिर्फ आधा चज़्मच पानी ला पाया। वह हैरत में था कि इस अज़्यास का उसके प्रश्न से क्या संबंध था। वरिष्ठ भिक्षु ने कहा, 'देखो, तुम मेरे पीने के लिए पर्याप्त पानी नहीं ला पाए। लेकिन क्या तुमने देखा कि बार-बार नदी में डुबोने के कारण वह गंदी टोकरी कितनी स्वच्छ हो गई ?'

मुझे लगता है कि आपको कहानी का अभिप्राय समझ आ गया होगा!

□

16

अहं को नष्ट करें

...मेरा हर किसी के लिए मुख्य सुझाव यह है कि : कभी खुद को गंभीरता से न लें। हम सभी में अहं इसलिए उत्पन्न होता है, क्योंकि जैसे-जैसे हमारी उम्र बढ़ती है, हम अपने आप अपनी एक बहुत गंभीर छवि बना लेते हैं और उसका मजाक उड़ाया जाना पसंद नहीं करते।

आत्मबोध के लक्ष्य में हमारे सामने आनेवाली सबसे बड़ी बाधा अहं है।

जब हम भौतिक अर्थ में सफलता प्राप्त करते हैं तो अहं अपने आप पुष्ट होता और बढ़ता रहता है। जब हम दूसरे व्यक्ति के दृष्टिकोण को देखने और फिर अपनी गलती स्वीकार करने के लिए तैयार नहीं होते तो वह खुद को अभिव्यक्त करता है।

हमें यह सोचना अच्छा लगता है कि हम हमेशा सही हैं। अपनी गलती को स्वीकार कर लेने से हमारी नजर में हमारा दरजा कम हो जाता है। जरूरी नहीं है कि ऐसी प्रवृत्ति सफलता से जुड़ी हो। माता-पिता को अपने बच्चों के साथ और वरिष्ठों को अपने कनिष्ठों के साथ अहं की समस्याएँ होती हैं। और इस बात पर मेरी आलोचना हो सकती है, परंतु एशियाई जीवनशैली में आमतौर पर पतियों का अहं अपनी पत्नियों के मुकाबले बहुत तगड़ा होता है।

माता-पिता के रूप में आपने कितनी बार अपने बच्चे के सामने स्वीकार किया है कि उसे डाँटने के मामले में आप गलत थे? बड़े भाई-बहन के रूप में, आपने कितनी बार अपने छोटे भाई-बहन के साथ अनुचित व्यवहार के लिए उससे माफी माँगी है? मुझे यकीन है कि ऐसा अकसर नहीं हुआ होगा। हर बुद्धिमान व्यक्ति के इस कहावत पर अमल करने के अलावा इस प्रवृज़ि का कोई इलाज नहीं है कि : अपने अहं को नष्ट कर दें।

अपने अहं को धीरे-धीरे कम करने के कई तरीके हैं। बहुत सी सामूहिक थेरेपी कक्षाएँ होती हैं, जिनमें आपका ध्यान अपनी कमियों की ओर दिलाने के लिए बाकी लोग आपके व्यवहार, आदतों, रवैए, आदि की आलोचना करते हैं। ऐसी कक्षाएँ आर्थिक रूप से और भावनात्मक रूप से भी महँगी होती हैं और कभी-कभार इतनी सज़्त होती हैं कि उन्हें झेलना मुश्किल होता है।

मेरा अहं से निपटने का अधिक आरामदेह तरीका है। पूरे अज़्यास में विनोद का एक पुट डाल दीजिए। अपनी अभिनय की कक्षाओं में, मैं किसी एक व्यक्ति की चीर-फाड़ की बजाय जो उसे अंत में चिड़चिड़ा बना देती है, प्रतिभागियों को इस अज़्यास को विनोदप्रिय बनाने के लिए प्रोत्साहित करता हूँ। ऐसा परिहास विश्लेषण की प्रक्रिया से चुभन को समाप्त कर देता है और फिर भी सही संदेश मिल जाता है।

कक्षा के अज़्यासों के अतिरिक्त, मेरा हर किसी के लिए मुज़्य सुझाव यह है कि कभी खुद को गंभीरता से न लें। हम सभी में अहं इसलिए उत्पन्न होता है, क्योंकि जैसे-जैसे हमारी उम्र बढ़ती है, हम अपने आप अपनी एक बहुत गंभीर छवि बना लेते हैं और उसका मजाक उड़ाया जाना पसंद नहीं करते।

साथ ही, हम अपनी 'छवि' को लेकर कुछ ज्यादा ही सजग होते हैं। परंतु उस छवि की प्रस्तुति हमें गलत और तनावपूर्ण बना देती है। हम जिन लोगों को सामाजिक रूप से खुद से हीन समझते हैं, उनके बीच नहीं हँसेंगे, क्योंकि उससे हमें लगता है कि हम उनके स्तर तक आ जाएँगे।

दूसरी ओर, हम उन बातों पर भी हँस लेंगे जो हमें समझ नहीं आईं, सिर्फ

इसलिए कि हमसे उच्च स्तरवाले लोग उस पर हँसे और हम अपनी नासमझ की छवि प्रस्तुत नहीं करना चाहते।

बस एक बच्चे को ध्यान से देखिए : वह दुनिया में किस तरह बिना किसी की परवाह किए हँसता है। उसे परवाह नहीं कि कौन देख रहा है, न ही उसे इस चीज की परवाह होती है कि उसका चेहरा कितना अजीब दिख रहा है। वह बच्चा इसलिए हँसता है, क्योंकि वह उस पल को जी रहा है और वह एक असली एहसास होता है।

अफसोस की बात है कि जैसे-जैसे हम बड़े होते हैं, हम अपने आसपास के झूठे मूल्यों पर अधिक ध्यान देने लगते हैं और वह सहजता खो बैठते हैं। हँसना सीखिए क्योंकि वह आपका असली मूल्य बढ़ाता है!

□

17

खुद पर भी हँसना सीखें

विनोद सिर्फ हास्य से परे है; उसके उपचारात्मक प्रभावों ने हर कहीं लाफ्टर क्लबों की स्थापना को प्रेरित किया है और यह एक निर्विवाद सच्चाई है कि वह तनाव को दूर करने में बहुत प्रभावी है।

हममें से अधिकतर लोग खुद को कुछ अधिक गंभीरता से लेते हैं। अपने आसपास के उन आडंबरपूर्ण नेताओं पर नजर डालें। उनके बारे में कोई मजाकिया टिप्पणी करना भी खतरनाक हो गया है। फिर ऐसे उद्योगपति हैं, जो सूट-बूट में लैस रहते हैं मगर आपने कभी उन्हें मुसकराते देखा है? और फिर उनके जूनियर होते हैं जो तरक्की की सीढ़ियाँ चढ़ने के लिए अपने बॉसों का अनुकरण करते हैं। कुल मिलाकर यह एक हास्य रहित दुनिया है।

वास्तव में, परिहास को कभी एक गंभीर विषय के रूप में नहीं लिया गया, हालाँकि परफॉर्मिंग आर्ट्स में उसकी भूमिका को व्यापक रूप से सराहा गया है।

हर कोई चार्ली चैप्लिन की फिल्म देखते हुए हँसा है और उन लॉरेल ऐंड हार्डी और एबॉट ऐंड कॉस्टेलो कॉमेडियों को देखते हुए बड़ा हुआ है। जब हम बच्चे थे, हास्य हमारे जीवन का एक अभिन्न अंग था। दुर्भाग्यवश, जैसे-जैसे हम

बड़े होते हैं, हममें से बहुत से लोग हास्य की दुनिया को भूल जाते हैं। हम यह मान लेने की गलती करते हैं कि हास्य बड़े लोगों के लिए नहीं है। हम यह मान लेने की गलती करते हैं कि कामयाब लोगों के लिए हर समय चिंतापूर्ण और गंभीर दिखना जरूरी है।

कॉरपोरेट दुनिया में छिछोरेपन की कोई जगह नहीं है, इसलिए कोई ऑफिस में जोकर नहीं लगना चाहता। अफसोस है कि ये सभी मान्यताएँ अनुपयुक्त हैं। विनोद सिर्फ हास्य से परे है; उसके उपचारात्मक प्रभावों ने हर कहीं लाफ़्टर क्लबों की स्थापना को प्रेरित किया है और यह एक निर्विवाद सच्चाई है कि वे तनाव को दूर करने में बहुत प्रभावी हैं!

हर पब्लिक स्पीकिंग पाठ्यक्रम में वक्ताओं से दर्शकों में तनाव कम करने के लिए शुरुआती वाक्यों में हास्य का पुट डालने के लिए कहा जाता है। स्वाभाविक रूप से जब वक्ता अपने ऊपर हँसता है, तो माहौल हलका हो जाता है। परंतु यहाँ पर अपना मजाक उड़ाना महत्त्वपूर्ण है।

मैं अपने अनुभव से आपको बता सकता हूँ, क्योंकि मैं उन चंद खुशकिस्मत लोगों में हूँ जिन्हें स्थितियों को मजेदार रूप में देखने की क्षमता मिली है। जब कुछ वर्ष पहले, मेरे लिए परिस्थितियाँ ठीक नहीं चल रही थीं, मैंने अपनी सारी विफलताओं को अत्यंत हास्यपूर्ण परिप्रेक्ष्य में देखते हुए एक नाटक करने का फैसला किया। वह एकल, दो घंटे का नाटक *'कुछ भी हो सकता है'* उन सभी देशों में कामयाब रहा, जहाँ उसका मंचन किया गया और हाल में उसने 225 परफॉर्मेंस के निशान को पार कर लिया है।

और भी मजेदार बात यह है कि इसे उन गंभीर कॉरपोरेट टाइप के लोगों ने भी पसंद किया, जो अपने ऑफिस में कभी नहीं मुसकराते। एक के बाद एक कॉरपोरेट हाउस एक-दो परफॉर्मेंस कराना चाहते हैं! ऐसा क्यों है? और मैं इस पुस्तक में हास्य के बारे में क्यों लिख रहा हूँ? क्योंकि किसी भी स्थिति में उसके मजेदार पक्ष को देखना महत्त्वपूर्ण है। इस तरह से हम हर मामले को हलके रूप में

ले सकते हैं और तनाव से बच सकते हैं। एक बार मैं एक निर्देशक के अंतिम संस्कार में उपस्थित होने के लिए एक शवदाह गृह पहुँचा। थोड़ी देर के बाद मुझे पता चला कि मैं गलत शवदाह गृह में पहुँच गया था। इस बात को प्रकट करने की बजाए, मैं अभिनय करता रहा और उस स्थिति में भी हास्य देखा।

बहुत से लोग अपनी समस्याओं को लेकर परेशान होते रहते हैं। मेरे खयाल से उन्हें यह प्रसिद्ध कहावत याद कर लेनी चाहिए कि हँसी सबसे अच्छी दवा है।

□

18

भीतरी शक्ति को उन्मुक्त करें

...आत्म-ज्ञान की राह पर अंदरूनी बाधाओं को पार करना आवश्यक है। आप जो काम कर रहे हैं, उस पर पूरा ध्यान लगाएँ और भटकते विचारों तथा आसान विकल्पों के आगे घुटने न टेकें।

मैं बहुत से ऐसे लोगों से मिला हूँ जो यह समझते हैं कि सिर्फ सेल्फ कोचिंग कक्षाओं में जाने या किसी गुरुजी, बाबा या माताजी के पैरों में बैठने से उन्हें आत्म-ज्ञान प्राप्त हो जाएगा। ऐसी मान्यता सच्चाई से कोसों दूर है, यह ऐसा ही है मानो सिर्फ प्रार्थना गाने से हम बेहतर मनुष्य बन जाएँगे।

जैसा कि मैंने पहले भी स्पष्ट किया है, मुज़्य बात यह समझना है, कि हमें अपने हर कार्य और विचार के प्रति अंदर से सजग और सचेत रहना है। यहाँ अंदरूनी शज़्द बहुत महज़्वपूर्ण है, क्योंकि उस अंदरूनी इच्छाशक्ति के बिना, किसी भी तरह की बाहरी शक्ति हमें अपने अंदर की ताकत का एहसास नहीं करा सकती।

किसी भी तरह की सफलता हासिल करनेवाला कोई भी व्यक्ति इस बात से इनकार नहीं कर सकता कि बाहरी बाधाओं से लड़ने से पहले, सफलता की राह में अंदरूनी अवरोध पार करने पड़ते हैं। ये अवरोध आलस, भय, आत्मविश्वास की

कमी, ध्यान बँटना, प्रलोभन, चिंता, पिछली विफलताएँ आदि के रूप में हो सकते हैं।

जब मैं ये शज़्द लिख रहा हूँ, मुझे सफलता की राह में अपने अंतर्द्वंद्व याद आ रहे हैं, जिन पर मुझे काबू पाना पड़ा था। मैं एक हिंदी माध्यम स्कूल में पढ़ा था और अंग्रेजी में दक्ष नहीं था। 23 वर्ष की उम्र में मेरे बाल उड़ने लगे थे। शिमला में बहुत साधारण परिवार से संबंध रखने के कारण मैं न तो कटलरी के इस्तेमाल से परिचित था, न ही मुझे भोजन के परिष्कृत तौर-तरीकों का कोई अनुभव था। मेरा एक पैर दूसरे से थोड़ा छोटा था। मैं यह सोच सकता था कि इतनी कमियों पर काबू पाना मेरे लिए कठिन है।

लेकिन मैंने वह कर दिखाया।

अपने अनुभवों का विश्लेषण करते हुए मैंने जाना है कि जीवन में हमेशा हमारा आंतरिक व्यक्तित्व हमारे बाहरी व्यक्तित्व को आकार देता है। जैसा कि किसी ने मुझसे एक दिन पूछा—क्या आपने कभी आत्म-ज्ञान की भाषा में 'इन' के महज़्व पर विचार किया है? जैसे इंट्रोस्पेक्ट (आत्मविश्लेषण), इनट्यूशन (अंतर्ज्ञान), इनसाइट (अंतर्दृष्टि), इंस्पिरेशन (प्रेरणा), इंस्टिंक्ट (सहज ज्ञान)? यह सूची और लंबी है।

सभी महज़्वपूर्ण खोजें हमारे विचारों से निकली हैं, जो अंदरूनी होते हैं, चाहे वह महान् ग्रीक गणितज्ञ, भौतिकविज्ञानी और खगोलविद आर्किमिडीज द्वारा ज़्लोटेशन के सिद्धांत का आविष्कार हो, या इंग्लिश खगोलविद आइजेक न्यूटन द्वारा गुरुत्वाकर्षण था या जर्मनी में जन्मे सैद्धांतिक भौतिकविज्ञानी और नोबेल पुरस्कार विजेता अल्बर्ट आइंस्टीन द्वारा सापेक्षता के सिद्धांत का प्रतिपादन। अंतर्ज्ञान हमारे ऋषि-मुनियों का भी विषय रहा है, जिन्होंने हजारों वर्ष पहले उनकी महज़्ा समझ ली थी।

न्यूरोसाइंस जैसे उन्नत विषयों में वर्तमान शोध ने भी हमारे भीतर की शक्ति का अस्तित्व साबित किया है; कि सबसे प्रतिभाशाली लोग भी अपनी मानसिक क्षमता का सिर्फ 10 फीसदी इस्तेमाल करते हैं; और कि मस्तिष्क लगातार अपना

नवीनीकरण करता रहता है और किसी भी आयु में नई चीजें सीखने में सक्षम है।

इसलिए आत्म-ज्ञान की राह पर अंदरूनी बाधाओं को पार करना आवश्यक है। आप जो काम कर रहे हैं, उस पर पूरा ध्यान लगाएँ और भटकते विचारों तथा आसान विकल्पों के आगे घुटने न टेकें।

आप किताब पढ़कर तैराकी नहीं सीख सकते; उसके लिए आपको पूल में कूदना पड़ेगा। इसलिए जीवन के तालाब में डुबकी लगाएँ। आप न सिर्फ अपने भीतर के परिवर्तन को महसूस कर पाएँगे; आप अपनी अंदरूनी शक्ति को भी उन्मुक्त कर पाएँगे।

□

19

अपनी कद्र करें

…कोई श्रेष्ठ नहीं है; हम सभी किसी-न-किसी रूप में सक्षम हैं। आपका आत्मसम्मान आपके दिमाग में है। यह विश्वास रखें कि आप अपने क्षेत्र में बेहतरीन हैं और अपनी प्रतिभा को लेकर आत्मविश्वास से पूर्ण रहें।

एक कहावत है कि चीजें जितनी बदलती हैं, उतनी ही अपरिवर्तित रहती हैं। यह सिद्धांत विशेष रूप से मानवीय गुणों और समस्याओं पर लागू होता है। यदि आपको लगता है कि आप भ्रष्टाचार का चरम देख रहे हैं, तो एक बार फिर सोचें। चाँदी के 30 टुकड़ों के लिए यीशु को बेच दिया गया था। स्वच्छंदता और व्यभिचार रोमन काल में चरम पर था। और महाभारत की जड़ में लालच था।

हमारी समस्याएँ भी पुरातन हैं : बेवफा जीवनसाथी, उग्र पुत्र, निरंकुश स्वामी, विवेकहीन राजनेता, लालची व्यापारी आदि। यदि आप आत्मनिरीक्षण करें, तो ब्रूट्स और उसके दल द्वारा जूलियस सीजर की हत्या के समय से स्थिति बहुत अधिक नहीं बदली है।

परंतु कुछ चीजें बदली हैं, जो इंटरनेट और फेसबुक के इस युग में प्रत्याशित था और हमें घेरनेवाली नई समस्याओं में मैं नई पीढ़ी में एक कमी काफी व्याप्त पाता हूँ : आत्मविश्वास की कमी।

मुझे लगता है कि यह हमारे समय का एक लक्षण है। मेरे खयाल से मेरे बचपन के समय ऐसी भावनाओं का अस्तित्व नहीं था। एक छोटे शहर में, हर कोई हर किसी को जानता था और अपना सही महज़्व पहचानता था। कोई भी अपनी असली पहचान से ऊँचा होने का दिखावा नहीं कर सकता था। हर कोई आपके वेतन और बैंक बैलेंस के बारे में जानता था, इसलिए असलियत से अधिक अमीर होने का दिखावा करने की कोशिश का तनाव नहीं होता था।

आत्मविश्वास में कमी शहरों में अधिक देखी जाती है, जहाँ हममें से अधिकतर लोग बिना जड़, बिना चेहरेवाले प्रवासी होते हैं; जो हर समय अपने पड़ोसियों से अधिक समृद्ध और खानदानी होने का दिखावा करते रहते हैं। प्रतिस्पर्धा का दबाव इतना अधिक होता है, और पैसे कमाने की ललक इतनी अधिक होती है, कि लोग यह दिखावा करते दशकों बिता देते हैं कि वे आर्थिक रूप से अधिक संपन्न हैं, बेहतर नौकरियों में हैं और बेहतर शिक्षित हैं, जबकि असलियत कुछ और होती है। वे अंत तक नहीं जानते कि वे हैं कौन।

हालाँकि कुछ विवेकशील लोग इस खेल से ऊब जाते हैं और अपने आप में भरोसा खो बैठते हैं। उनमें आत्मविश्वास की कमी होती है। और वे वास्तव में इस चूहा दौड़ में अधिक ईमानदार होते हैं, वे यह दौड़ छोड़ चुके होते हैं, क्योंकि वे रैट पैक के धोखे के साथ प्रतिस्पर्धा नहीं कर पाते।

वे मार्केटिंग रणनीतियों के प्रचार और शोर-शराबे से तालमेल बिठाना मुश्किल पाते हैं, जो आजकल अपने आप को आगे बढ़ाने के लिए आवश्यक है, चाहे आप एक उदीयमान कॉपीराइटर हों, संघर्षरत अभिनेता, उभरते लेखक या कॉरपोरेट एक्जीक्यूटिव। इस युग में पैकेजिंग पैकेज से भी अधिक महज़्वपूर्ण है।

ऐसे लोगों को मेरी सलाह है कि शारीरिक और मनोवैज्ञानिक रूप में अपने आप से प्यार करें और कभी यह न सोचें कि अगला व्यक्ति उनसे बेहतर है। मैं मानता हूँ कि कोई श्रेष्ठ नहीं है; हम सभी किसी-न-किसी रूप में सक्षम हैं। आपका आत्मसज़्मान आपके दिमाग में है। यह विश्वास रखें कि आप अपने क्षेत्र में बेहतरीन हैं और अपनी प्रतिभा को लेकर आत्मविश्वास से पूर्ण रहें।

आप खुद ही Best हैं

शुरुआत करने का सबसे अच्छा तरीका यह है कि आप उन बीस गुणों की सूची बनाएँ, जिनमें आप बेहतरीन हैं। हर किसी में बहुत सी विशेषताएँ होती हैं; बस गहराई में जाने की जरूरत है। यदि आप अपने आप में ये सकारात्मक गुण पाते हैं, तो क्या आपके विजेता होने में संदेह रह जाता है?

□

20

जीवन को नया रूप दें

आध्यात्मिक अर्थ में भी हमें भारहीन होकर बढ़ना चाहिए। हमें सही मार्ग पर बढ़ने के लिए, अपना क्रोध, अपना अहं, अपनी असत्यता, अपना छलावा, सब छोड़ना होगा। इन गुणों को छोड़ते हुए हम अपने आप के अधिक नजदीक आ जाते हैं।

हम सभी जीवन भर चीजें एकत्रित करते रहते हैं। मैं सिर्फ कलमों, मुहरों, घड़ियों और ऐसी ही अन्य वस्तुओं का संग्रह करनेवालों की बात नहीं कर रहा हूँ। मैं हम और आप जैसे आम लोगों के बारे में बात कर रहा हूँ, जो अपने घरों में रहते हैं और जिनके पास अपनी जरूरत से कहीं अधिक ढेर सारे कपड़े और अन्य वस्तुएँ होती हैं। और साथ-साथ हमारे पास पुरानी व्यर्थ चीजें जमा होने लगती हैं। जैसे दो दशक पहले इस्तेमाल हुआ मिट्टी तेल का स्टोव या हमारी दादी माँ की हाँडी, जिसमें हम पानी गरम करते थे। मुद्दा यह है कि क्या हमें इस बात का एहसास है?

हर बार जब मैं मुंबई शहर में गाड़ी चलाता हूँ, बल्कि भारत के कई हिस्सों से गुजरता हूँ, जहाँ लाखों लोग झुग्गियों में रहते हैं, तो मुझे इस बात का एहसास होता है। मुझे हमेशा उनकी अल्प वस्तुएँ आकृष्ट करती हैं। उनके

जीवन भर की जमा पूँजी सूटकेस में तो क्या, एक ब्रीफकेस में समा सकती है। अपने दिमाग में उनकी और घूम-घूमकर तमाशा दिखानेवालों, भिखारियों, चाकू तेज करनेवालों और बाकी लोगों की कल्पना करें, जो हमारी सड़कों पर फिरते रहते हैं।

क्या वे आपसे और मुझसे कम मनुष्य हैं? अपने आप को उनकी जगह पर रखना बहुत अच्छा अज़्यास है या मान लीजिए आप बहुत जल्दी में हैं और आपको सिर्फ एक बैग ले जाने की सहूलियत है। आप उसमें क्या-क्या भरेंगे? अपना बटुआ, अपने परिवार की तसवीरें, कुछ कपड़े, एक टूथब्रश...लेकिन निश्‍चित रूप से अपनी पार्टी शर्ट या फॉर्मल कपड़े नहीं। फिर हमारे पास इतनी वस्तुएँ क्यों हैं? क्या वाकई उनकी आवश्यकता है? क्या हम अपने उपभोग में कटौती नहीं कर सकते, चाहे हम किसी भी आर्थिक स्तर पर हों?

जिस तरह यह अपनी भौतिक संपदाओं की समय-समय पर समीक्षा करने का समय है, सालाना साफ-सफाई करने का समय है, अपनी गुणात्मक संपदाओं की भी समीक्षा करना जरूरी है। हम मानते हैं कि आध्यात्मिक विकास भी एक उपलज़्धि है। यह विश्‍वास सच्चाई से परे है। हम जो परिवर्तन चाहते हैं, वह वास्तव में अपने मौलिक गुणों को छोड़ने का प्रयास है। जिस तरह हम अपनी भौतिक वस्तुओं को त्यागते हैं, ऐसे गुणों को त्यागते हुए हम हलके और प्रबुद्ध हो जाते हैं। आध्यात्मिक अर्थ में भी हमें भारहीन होकर बढ़ना चाहिए। हमें सही मार्ग पर बढ़ने के लिए, अपना क्रोध, अपना अहं, अपनी असत्यता, अपना छलावा, सब छोड़ना होगा। इन दुर्गुणों को छोड़ते हुए हम अपने आप के अधिक नजदीक आ जाते हैं। इस तरह हम उसे वापस जगाते और जलाते हैं जो हमारे अंदर था, लेकिन लंबे समय तक गलत बोझ एकत्रित करने से दफन हो गया था।

कहा जाता है कि जब ज्ञान प्राप्त करने के बाद बुद्ध से पूछा गया कि

उन्होंने इतनी तपस्या और ध्यान से क्या पाया, तो उनका उज़्र था : 'कुछ नहीं, मैंने बस उसे जगा दिया, जो पहले से मेरे अंदर था…'

एक और ज्ञानी स्वामी विवेकानंद के शब्दों में, 'जागो, उठो और तब तक न रुको जब तक कि आप लक्ष्य पर न पहुँच जाएँ।'

□

21

कहानियों में मौजूद ज्ञान

आप उनमें सच्चाई, ईमानदारी, साहस, निष्ठा और निर्दोषता की अद्‌भुत दुनिया दुबारा पा सकते हैं; ये सभी गुण हम बहुत पहले, वयस्कता की यात्रा में, पीछे छोड़ चुके हैं।

महान् फ्रांसीसी लेखक एंटोनी दि सेंट-एक्जूपरी ने अपनी अमर पुस्तक द *लिटिल प्रिंस* में जो मेरी पसंदीदा किताबों में से एक है, लिखा कि 'शब्द गलतफहमियों का एक कारण हैं।' सर्वकालिक बेस्टसेलरों में एक यह उपन्यास बच्चों की कहानी है और उसे 190 भाषाओं में अनूदित किया गया है तथा उसकी 90 मिलियन से अधिक प्रतियाँ बिक चुकी हैं। मंच, परदा, ओपेरा और साथ ही पीटर उस्तिनोव (एक प्रसिद्ध फिल्म निर्माता, अभिनेता और नाटककार) द्वारा एक मनमोहक श्रव्य रूपांतरण सहित इसे विभिन्न माध्यमों में ढाला गया है और उसमें मानव प्रकृति के बारे में बहुत सी गंभीर बातें हैं, जैसे जो विचार मैंने अभी-अभी उद्‌धृत किया।

द *लिटिल प्रिंस* आपको अपने अंदर गहराई से देखने के लिए प्रेरित करता है, जब आप उसमें ऐसे चरित्रों को देखते हैं, जो आपके सामने आनेवाले लोगों के सच्चे प्रतिरूप होते हैं और आप उन सभी का उथलापन देख पाते हैं। मैं

हमेशा इस विचार की सरलता से चकित होता हूँ कि शब्द गलतफहमियाँ उत्पन्न कर सकते हैं। आखिर, शब्दों से ही लोग अभिव्यक्त करते हैं, बातचीत करते हैं, स्पष्टीकरण करते हैं और विवादों को सुलझाते हैं। परंतु जब भी मैं गरमागरम बहसें सुनता हूँ, मैं समझ सकता हूँ कि किस प्रकार वही शब्द झगड़े की वजह भी होते हैं। यह खासकर उन दंपतियों के लिए सच है, जहाँ किसी बहस में कहनेवाले का वास्तव में वह मतलब नहीं होता। 'मैं फिर कभी तुम्हारी शक्ल नहीं देखना चाहता' का अर्थ शाब्दिक नहीं होता और बहुत से दोस्त, प्रेमी तथा पति मेरी बात से सहमत होंगे।

यह मुझे एक और ज्ञान की बात सिखाती है। हम सिर्फ दिल से सही देख सकते हैं; जो हो सकता है आँखों से न दिखे!

मैं कहानी की बात क्यों कर रहा हूँ? क्योंकि कहानियों का एक सार्वभौमिक आकर्षण होता है और वे सार्वभौमिक सच्चाइयों को सामने लाती हैं।

जैसा कि मैंने पहले कहा है, कोई महान् सच्चाई खोजे जाने की प्रतीक्षा में नहीं है। उन्हें बस फिर से पाने और उसका अनुसरण करने की जरूरत है। हम सभी के भीतर सच्चाई है, लेकिन वह बहुत गहराई में है, जो हम भूल चुके हैं।

तब जाकर कहानियाँ हमें झकझोरती हैं और जवाबों को हमारी चेतना की सतह पर लाती हैं। आप उनमें सच्चाई, ईमानदारी, साहस, निष्ठा और निर्दोषता की अद्‌भुत दुनिया दुबारा पा सकते हैं; ये सभी गुण हम बहुत पहले, वयस्कता की यात्रा में, पीछे छोड़ चुके हैं।

द लिटिल प्रिंस में, नायक एक गुलाब के प्रेम में पड़ जाता है। वह उस पर पूरी तरह मुग्ध है, क्योंकि वह सोचता है कि वह दुनिया में इकलौता गुलाब है। फिर उसे बहुत से गुलाबों का पता चलता है। स्वाभाविक है कि वह आहत होता है। लेकिन उसे एक और सच का एहसास होता है : ऐसा हो सकता है कि लोग एक बाग में पाँच हजार गुलाब के पौधे लगा लें—और उन्हें उनमें वह न मिले,

जिसकी उन्हें तलाश है। फिर भी, उन्हें जो चाहिए, वह एक गुलाब में मिल सकता है!

दु:ख की बात है कि हमने अपने बचपन की कहानियों को भुला दिया है : जातक कथाएँ, पंचतंत्र, एसॉप्स की कहानियाँ इत्यादि। उन्हें एक बार फिर एहसास के साथ पढ़िए और वे आपमें वे सभी गुण वापस जागृत कर देंगी, जिन्हें आप तलाश रहे हैं।

□

22

परिचित उदासियों से निपटना

...अकसर अपने जीवन के पन्नों को पलटें। आपके पास खोने के लिए कुछ नहीं है और बुरा समय भी बीते दिनों की बात बन कर रह जाएगा।

बहुत से दिन ऐसे होते हैं जब हम उस सुपरिचित निराशा का अनुभव करते हैं। ऐसा महसूस करते हैं कि कुछ भी सही नहीं होगा, कि कोई आपकी परवाह नहीं करता। इस स्थिति से कैसे निपटें?

क्या आप जानते हैं कि हम सभी के शस्त्रागार में एक ऐसा शक्तिशाली हथियार है, जिसे हम शायद ही इस्तेमाल करते हैं। उसका इस्तेमाल हम सिर्फ तभी करते हैं जब बूढ़े हो जाते हैं। वह हमारी स्मृतियों का भंडार है।

अपने खुशहाल दिनों की स्मृतियाँ हमारे मिजाज को खुशनुमा बनाने के लिए एक शक्तिशाली उत्प्रेरक का काम करती हैं। यदि आप अपनी नौकरी की किसी बात पर निराशा महसूस कर रहे हैं तो उन पलों को याद करें जब आप दिल से प्रसन्न थे। जैसे आपका प्रमोशन या जब आपके बॉस ने किसी काम को अच्छे से करने पर बधाई दी थी।

यदि आप परिवार को लेकर दु:खी हैं तो पुरानी पारिवारिक यादों में लौटें।

आपके आसपास ऐसी लाखों चीजें हो सकती हैं जो आपका मूड सही कर सकती हैं। यदि आपका बेटा जिद्दी है, तो उस दिन को याद कीजिए जब बोर्ड परीक्षा में सफल होने पर उसने आपको किस किया था और गले से लगाया था। या जब परेशान करनेवाली आपकी बेटी ने आपके साथ समय बिताया था, जब आप एक सर्जरी के बाद स्वास्थ्य लाभ कर रहे थे। या ऐसी ही और छोटी-छोटी घटनाएँ।

शायद आपकी स्मृतियाँ अधिक धुँधली हैं या आप वास्तव में इतनी निराशा महसूस कर रहे हैं कि आप अपने उस मित्र के बारे में कुछ भी अच्छा याद नहीं कर पा रहे हैं, जो आपके पीछे आपकी चुगली करता रहा है।

तरीका बदलें और कोई एलबम खोलें। पुरानी तसवीरों से अधिक ताजगी देनेवाली कोई और चीज नहीं होती। चाहे आप अपने मन में घटनाएँ याद न कर पा रहे हों, तसवीरें आपको अनायास झकझोर देती हैं।

आपकी वह तसवीर, जिसमें आपका पहला गिरनेवाला दाँत नहीं है और स्कूल में आपका पहला दिन जब आपने कसकर अपनी माँ का हाथ पकड़ा हुआ था। आपके स्कूली दिन—आप कितनी जल्दी इतने बड़े हो गए!—ये सब एलबम के पन्ने पलटते ही आपकी यादों में ताजा हो जाते हैं।

आपके विवाह की तसवीरें। और फिर शायद आपके परिवार की तसवीरें। यहाँ पर जीवन पूरा गोल घूमकर आ जाता है, जिसमें सुख और दुःख दोनों होते हैं। तभी कोडक कंपनी कभी नहीं कहती कि वह फिल्म बेचती है; उसका दावा है कि वह स्मृतियाँ बेचती है!

अपने जीवन के पलों को याद करते हुए कौन ऐसी छवियों से द्रवित नहीं हो जाएगा? चाहे आप अवसाद महसूस कर रहे हों, ऐसी सुखद स्मृतियाँ उन उदासियों को गायब कर देती हैं और हमारे जीवन में रोशनी ले आती हैं।

जैसा कि एंड्रयू लॉयड वेबलर की संगीतमय फिल्म *कैट्स* में कैट ग्रिजाबेला यादगार गीत 'मेमोरीज' गाती है :

दिन का उजाला। मुझे सूरज के उगने का इंतजार करना है
मुझे एक नए जीवन के बारे में सोचना है
और मुझे हार नहीं माननी है।
जब भोर होगी, तो आज की रात याद बनकर रह जाएगी
और एक नया दिन शुरू होगा।

इसलिए अकसर अपने जीवन के पन्नों को पलटें। आपके पास खोने के लिए कुछ नहीं है और बुरा समय भी बीते दिनों की बात बनकर रह जाएगा।

□

23

कड़वाहट को मिटाती है क्षमा

...आगे की ओर बढ़ने का एकमात्र तरीका-सच्चे दिल से उन लोगों को माफ कर देना है, जिन्होंने हमारे साथ बुरा व्यवहार किया। यदि हम निष्पक्ष रूप से देखें तो ऐसी प्रवृत्ति हमारे अपने हित में है और यह हमारी मानसिक शांति में इजाफा करती है।

क्षमा एक ऐसा दर्शन लगता है जो जीवन में हार मानने से संबंधित हो। साथ ही यह कमजोरों की रणनीति लगता है, क्योंकि इससे साहसिक गुणों का आभास नहीं होता, जो आजकल खूब प्रचलित है।

परंतु क्या वाकई ऐसा है? बिलकुल नहीं, यदि आप समझ सकें कि क्षमा एक ऐसा दर्शन है जो हमारे दिमाग में बार-बार आनेवाली प्रतिशोध की भावना से हमें सुरक्षित करने के लिए बनाया गया है। यह दर्शन हमें नकारात्मक विचारों के प्रभाव से उबारने के लिए तैयार किया गया है। हम यह नहीं समझ पाते कि हमारे विचार हमारे कार्यों, हमारे जीवन और इस प्रकार हमारी नियति को प्रभावित करते हैं।

जब हम किसी ऐसे व्यक्ति को क्षमा नहीं कर पाते, जिसने हमारी भावनाओं को आहत किया हो, तो हम दुश्मनी पाल लेते हैं और उससे बदला लेने की ताक में

रहते हैं। यह उसे पूरी तरह प्रतिशोध की भावना में बदल देता है। यदि हमारे पास वह प्रतिशोध लेने के माध्यम हों, तो हम मानते हैं, जो कि गलत है, कि उससे हमारे मन को शांति मिलेगी।

लेकिन यह धारणा पूरी तरह गलत है, क्योंकि प्रतिशोध कभी पूरा नहीं होता, वह एक दुश्चक्र है।

प्रतिशोध फिर लौटकर आता है जब दूसरा पक्ष उसका जवाब देता है और जल्दी ही स्थितियाँ नियंत्रण से बाहर हो जाती हैं, फिर किसी को याद नहीं रहता कि यह सब शुरू कैसे हुआ था। खानदानी शत्रुता इसी तरह शुरू होती है, जो पीढ़ियों तक चलती रहती है और कोई चाहने पर भी इस पागलपन से बाहर नहीं निकल पाता। महात्मा गांधी के ये शब्द ऐसे व्यवहार के तार्किक अंत का वर्णन करते हैं : 'आँख के बदले आँख जल्दी ही इस दुनिया को अंधा कर देगी!'

यदि कोई बदला लेने की स्थिति में न हो, तो क्या होता है? दबे हुए गुस्से की भावना हमारे अंदर सुलगती रहती है और एक विनाशकारी एसिड की तरह हमें अंदर-ही-अंदर खाती रहती है। वह हमें चिड़चिड़ा और नाखुश बना देती है। यह निश्चित रूप से कोई अच्छी मानसिक स्थिति नहीं है। इसलिए इसका सबसे बढ़िया हल—और आगे की ओर बढ़ने का एकमात्र तरीका—सच्चे दिल से उन लोगों को माफ कर देना है, जिन्होंने हमारे साथ बुरा व्यवहार किया। यदि हम निष्पक्ष रूप से देखें तो ऐसी प्रवृत्ति हमारे अपने हित में है और यह हमारी मानसिक शांति में इजाफा करती है।

जब मैं सच्चे दिल से माफ करने की बात करता हूँ, तो मेरा मतलब यह नहीं है कि हम अपने घरों के बाहर सबके देखने के लिए क्षमा के अपने सिद्धांत की तख़्ती लटका दें या अपने इस व्यवहार को उन लोगों के सामने स्पष्ट करें, जिन्होंने हमें नुकसान पहुँचाया है। आज की निर्मम और मुश्किल दुनिया में यह व्यवहार हमें आसान शिकार बना देगा। बल्कि मैं यह कहता हूँ कि हम अपने दिल में उन्हें माफ कर दें, ताकि सारी कड़वाहट खत्म हो जाए और हम अपने जीवन की एक

अशांत घटना का अध्याय समाप्त कर सकें।

सच्चे दिल से क्षमा करने और स्थिति से समझौता करने से ही हम अधिक समृद्ध और अर्थपूर्ण जीवन बिता सकते हैं। या फिर हम हमेशा अतीत के अवांछित बोझ को ढोते रहेंगे।

□

24

क्या प्रेम और अनासक्ति एक साथ हो सकते हैं?

ऐसा संभव है। और क्यों नहीं? यह याद रखना चाहिए कि अनासक्ति का अर्थ उपेक्षा नहीं है, उसका अर्थ है, यथास्थिति को स्वीकार करना।

एक अमर अंग्रेजी गीत में है—लव मेक्स दि वर्ल्ड गो राउंड (प्रेम दुनिया को गोल बना देती है।) निश्चित रूप से प्रेम एक महान् अभिप्रेरक है और सारी दुनिया एक प्रेमी से प्यार करती है। लेकिन प्रेम हमारी बहुत सी समस्याओं का कारण भी है।

सही सही कहें तो हमारी समस्याएँ प्रेम में या प्रेम करने से संबंधित नहीं होतीं। प्रेम एक अत्यंत नि:स्वार्थ मानसिक अवस्था है और यह हमारे जीवन के उन चंद पलों में से एक होता है, जब हम लेने में नहीं, देने में सुख का अनुभव करते हैं। जब आप किसी से प्रेम करते हैं, तो आप कॉफी शॉप या मॉल में लगातार कई घंटों उसका इंतजार कर सकते हैं...

परंतु ऐसे प्रेम का विपरीत पक्ष अपेक्षाओं में निहित होता है, जो समय के साथ हमारे अंदर उभरती हैं। हम अपने साथी और दूसरों से भी उज़्मीदें रखना शुरू कर देते हैं—वफादारी की, हमें समझने की। कभी-कभार ये अपेक्षाएँ बहुत नासमझी

भरी होती हैं या उनसे निपटना बहुत मुश्किल होता है। हम अपने प्रियजनों, अपने रिश्तेदारों से उज़्मीद करते हैं कि वे हमारी कमजोरियों को माफ कर दें और जब प्रेम में कुछ समय बाद निराशा उत्पन्न होती है, तो वह खौलने लगता है।

प्रेम आसक्ति या मोह को भी प्रेरित करता है। और वह मोह वास्तव में एक सुकून देनेवाला भ्रम होता है, क्योंकि हर जुड़ाव एक दिन समाप्त होता है और वह खो देने की भावना को प्रेरित करता है। यदि किसी वस्तु, जैसे किसी पेंटिंग या किसी दुर्लभ घड़ी के प्रति मोह है, तो वह हमारे भीतर एक भौतिक लालसा उत्पन्न करता है, फिर उस चीज पर गर्व और आखिर में चिंता—कि यदि वह खो जाए या समय के साथ खराब हो जाए, तो क्या होगा। आप जिन संग्रहकर्ताओं के बारे में पढ़ते हैं, वे अधिकतर ऐसे लोग होते हैं जो खुश से अधिक चिंताग्रस्त होते हैं!

तो, ऐसी वस्तुओं को प्राप्त करने का क्या मतलब है? यही वजह है कि सभी महान् ऋषियों ने आध्यात्मिकता के मार्ग पर विरक्त जीवन की सलाह दी है।

बहस करनेवाला सवाल है कि क्या अनासक्ति और प्रेम साथ-साथ रह सकते हैं? बहुत हद तक, और एक संतुलित मस्तिष्क में, ऐसा संभव है। और क्यों नहीं, यह याद रखना चाहिए कि अनासक्ति का अर्थ उपेक्षा नहीं है, उसका अर्थ है, यथास्थिति को स्वीकार करना। मैं मानता हूँ कि अपने मोह, खासकर भौतिक वस्तुओं की आसक्ति को छोड़ना आसान है। हम ऐशोआराम छोड़ सकते हैं और मूलभूत चीजों के साथ जीवन बिता सकते हैं। लेकिन वास्तविक परीक्षा अपने प्रियजनों और नजदीकी लोगों से खुद को विरक्त करने में है।

हम उनके निर्णयों में हस्तक्षेप न करते हुए और उनसे अपनी अपेक्षाओं को कम करते हुए शुरुआत कर सकते हैं।

फिर हम बड़े और अधिक सामान्य विषय, जैसे शिक्षा और गरीबी शमन, जैसे लक्ष्यों पर अपना समय खर्च करने की ओर अपना ध्यान लगा सकते हैं।

धीरे-धीरे हम अपने जीवन को एक नया लक्ष्य दे सकते हैं, जो परिवार और मित्रों से थोड़ा हटकर होता है।

आप कह सकते हैं कि यह उन लोगों के लिए आसान है जिनके पास स्वतंत्रता के साधन हैं, लेकिन आप उन लोगों की संज़्या से हैरान रह जाएँगे जो बहुत साधारण घरों से आते हैं और लगातार सामाजिक उद्‌देश्यों के लिए काम करते हैं।

विडंबना यह है कि यदि आप देखें तो इस प्रेम/आसक्ति सिंड्रोम से निकलने का समाधान उसी के एक और रूप में है। यह अपने पर ध्यान देने की बजाए दूसरों को देने की भावना में है, जो भावना हम प्रेम में रखते हैं। यही भावना हमें मुक्ति दिला सकती है।

□

25

नए युग के गुरुओं से पुराना ज्ञान

...इतिहास में हमेशा अनिश्चितता के समय में हम उसी पुराने ज्ञान की ओर लौटते हैं, लेकिन वह नए युग के गुरुओं से प्राप्त करते हैं। इसीलिए हमें स्टोरों में 'द चेंज विदिन' और लाइफ कोचिंग पुस्तकों की जरूरत पड़ती है।

कुछ सप्ताह पहले, पुस्तकों की एक दुकान में प्रवेश करते हुए, मैं आजकल पुस्तकों की सभी दुकानों में लगातार बढ़ते एक रुझान से हैरान हुआ। इनमें जीवन की समस्याओं से निपटने के तरीकोंवाली किताबों के लिए सिर्फ कुछ शेल्फ नहीं, बल्कि पूरे-पूरे सेक्शन हैं। इन सेक्शनों को आमतौर पर माइंड, बॉडी, स्पिरिट (मन, शरीर, आत्मा) के नाम से जाना जाता है।

कई दशक पहले, जब मैं विद्यार्थी था, तो डेल कार्नेगी की *हाउ टू विन फ्रेंड्स ऐंड एंज्लुएंस पीपुल*, थॉमस ए हैरिस की *आई.एम.ओ.के., यू.आर.ओ.के.* और ई.एफ. शूमाकर की *स्मॉल इज ब्यूटीफुल* जैसी आत्मविश्वास बढ़ानेवाली पुस्तकें होती थीं। फिर योग और ध्यान जैसे विषयों पर पुस्तकें आईं, जो सामान्यतः अपनी उम्र के पाँचवें दशक में चल रहे लोगों की पसंद होती थीं। लगभग एक दशक पहले, आध्यात्मिकता नई फैशनेबल चीज बन गई और लुइज, दीपक चोपड़ा, वेन डायर और ब्रायन वीस लोगों की पसंद बन गए। फिर हम सब चिकन सूप

शृंखला पर टूट पड़े। अब एक युवा पाठक वर्ग है जिनके आदर्श पाओलो कोहेलो, रोबिन शर्मा, जिम स्टोवाला, रोंडा ब्रायन और असंज़्य अन्य लेखक हैं।

हमें अपने देश में सेल्फ हेल्प यानी अपना आत्मविश्वास बढ़ानेवाली किताबों में अचानक ऐसी बढ़ती दिलचस्पी क्यों देखने को मिल रही है, जबकि हमारे सभी आर्थिक संकेतक ऐतिहासिक ऊँचाई पर हैं और भारत दुनिया की दूसरी सबसे तेजी से बढ़ती अर्थव्यवस्था है?

इसका उज़र उसी में निहित है—कि मनुष्यों के रूप में हम ऐसे विकास से तालमेल बिठाने में असमर्थ हैं।

विकास की ऐसी अत्यंत तेज गति में प्रत्येक उत्पाद क्षेत्र में हमारे सामने ढेर सारे विकल्प हैं, जिनके कारण हमारा जीवन जटिल हो गया है।

हम भूल गए हैं कि सिर्फ लगभग 20 वर्ष पहले, हमारे पास दो कारों का विकल्प था। आज हम नैनो के लिए 1.4 लाख रुपए से लेकर एक रॉल्स रॉयस के लिए 4.5 करोड़ रुपए तक मूल्य के लगभग 400 मॉडलों में से चुन सकते हैं। सिर्फ एक प्रसिद्ध कॉस्मेटिक ब्रांड से, पचास से अधिक ब्रांडों तक हमारी पहुँच हो सकती है। उत्पादों की शृंखला असंज़्य हो गई है।

इसी प्रकार, शिक्षा के क्षेत्र में, जहाँ किसी समय हम आई.आई.टी. (भारतीय प्रौद्योगिकी संस्थान) और आई.आई.एम. (भारतीय प्रबंधन संस्थान) में प्रवेश पाने का सपना देखते थे, आज की पीढ़ी के पास दुनिया भर के विकल्प हैं और वह अमेरिका में एम.आई.टी. (मेसाचुसेट्स इंस्टिट्यूट ऑफ टेक्नोलॉजी) या केलॉग स्कूल ऑफ मैनेजमेंट में केरियर की योजनाएँ नहीं बनाता।

जब विज़ीय निर्णयों का सवाल आता है, तो जीवन और भी जटिल हो गया है। एक दशक पहले हमारे पास कुछ पॉलिसियों वाला जीवन बीमा निगम ही था। आज हमारे पास ढेरों कंपनियाँ हैं, जिनके पास सैकड़ों पेचीदा बीमा योजनाएँ हैं। और फिक्स्ड डिपोजिटों, ज़्युचुअल फंडों, ऋण माध्यमों, डिराइवेटिव आदि के स्थान पर अधिक जटिल निवेश विकल्प हैं।

मेरी धारणा थोड़ी विवादास्पद हो सकती है, लेकिन मेरे खयाल से हर बड़ी

अर्थव्यवस्था को विकास प्रक्रिया को पचाने का समय मिला है, परंतु भारत को नहीं। अमेरिका और यूरोप में 50 के दशक में ही टेलीविजन आ गया था और फिर उन्होंने अगले 60 सालों में उसे कलर से केबल और फिर सेटेलाइट में विकसित होते देखा। हमने वह सब सिर्फ दो दशकों में समेट लिया है।

ऐसे तीव्र परिवर्तन ने हमारे दृष्टिकोण, हमारी संस्कृति, हमारी अपेक्षाओं और हमारे डी.एन.ए. को बदल दिया है, जिससे हमारी परंपराएँ खतरे में पड़ गई हैं और हम सब स्तब्ध हो गए हैं। ऐसे समय में, जैसा कि इतिहास में हमेशा अनिश्चितता के समय में किया जाता है, हम उसी पुराने ज्ञान की ओर लौटते हैं, लेकिन वह नए युग के गुरुओं से प्राप्त करते हैं। इसीलिए हमें स्टोरों में 'द चेंज विदिन' और लाइफ कोचिंग पुस्तकों की जरूरत पड़ती है।

□

26

अतिरिक्त बोझ को हटाएँ

आपको अपने मन के सूटकेस से अतिरिक्त भार हटाने की जरूरत है। प्रतिशोध, कड़वी यादों, चिंताओं और नकारात्मक विचारों का बोझ त्यागने की आवश्यकता है।

भौतिकी में कुछ सबसे अभूतपूर्व सिद्धांत वैचारिक प्रयोगों से उत्पन्न हुए हैं। आम धारणा के विपरीत, ऐसे काम में ढेर सारे कंप्यूटरों या बड़ी प्रयोगशालाओं की जरूरत नहीं पड़ी। उसमें बस सरल किंतु गहन विचार शामिल थे और उसका लक्ष्य संबंधित सिद्धांत के संभावित परिणामों को खँगालना था। अल्बर्ट आइंस्टीन के अधिकांश प्रयोग ऐसे वैचारिक प्रयोग थे, जिनमें सबसे प्रसिद्ध प्रयोग 16 वर्ष की आयु में हुआ।

युवा आइंस्टीन ने सोचा कि वह प्रकाश की एक किरण पर सवार हैं और उसके बाद के पर्यवेक्षण ने उन्हें विशेष सापेक्षता के अपने प्रसिद्ध सिद्धांत का निरूपण करने के लिए प्रेरित किया। लेकिन सैद्धांतिक भौतिकी के अगुआ लोगों का 'द चेंज विदिन' यानी अपने भीतर के परिवर्तन से क्या लेना-देना? मगर ऐसा है!

लगभग एक वर्ष पहले, मैंने अमेरिका के कुछ प्रसिद्ध प्रबंधन संस्थानों में 'द चेंज विदिन' कार्यक्रम पर भाषण दिया, उनमें प्रतिष्ठित केलॉग स्कूल ऑफ मैनेजमेंट

भी था। उन लोगों का ऐसे गैर-पारंपरिक विषय के प्रति इतना उत्साह देखकर मैं हैरान रह गया, जो मेरे एक इडली खाने से भी शीघ्र बैलेंस शीट और मार्केटिंग रणनीतियाँ समझ लेते हैं।

यहाँ पर, अचानक मेरे मन में एक वैचारिक प्रयोग आता है : यदि आपको किसी संकट की स्थिति में अपना घर खाली करना पड़े और एक ही सूटकेस भर ले जाने को मिले, तो आप उसमें क्या ले जाएँगे ?

अपनी चेक बुक ? अपनी बीमा पॉलिसी ? अपने हीरे ? नकद पैसे ? अपनी प्रार्थना की किताबें ? अपने फोटो एलबम ? निश्चित रूप से उस सूटकेस में थोड़े से कपड़े होंगे। लेकिन बाकी चीजें यह निर्धारित करेंगी कि आप किस प्रकार के व्यक्ति हैं। यह सही है कि कुछ संपन्न लोग इस बात को लेकर परेशान होंगे कि वे किस प्रकार के कपड़े ले जाएँ : औपचारिक या पार्टी में पहननेवाले परिधान या कैजुअल कपड़े ? जब वे अपने घरों से बाहर निकलेंगे कि मीडिया के सामने वे खुद को कैसे प्रस्तुत करेंगे ?

साधारण आय और घरोंवाले लोग पाएँगे कि उनके विकल्प पहले से तैयार हैं। उनके पास व्यक्तिगत चीजों का इतना विशाल संग्रह नहीं होता।

उसके बाद क्या ? संपन्न लोग स्वाभाविक रूप से अपनी संपज़ि अपने साथ ले जाना चाहेंगे और एक सूटकेस उनके लिए पर्याप्त नहीं होगा। हर हालत में, उनके लिए अपनी धन-दौलत से बढ़कर कीमती कुछ नहीं है।

कुछ कम संपन्न लोग अपने साथ कम-से-कम यादों भरा एक एलबम ले जाने की सोच सकते हैं; वैसे भी स्मृतियों के बिना जीवन कैसा होगा ?

संवेदनशील लोग अपने सामान में कम-से-कम एक पुस्तक शामिल कर सकते हैं, जो उन्हें उपयोगी लगे। आध्यात्मिक लोग प्रार्थना की किताब रख सकते हैं। और खिलाड़ी हॉकी स्टिक या क्रिकेट का बल्ला रख सकते हैं…।

हमारा मस्तिष्क भी ऐसा ही एक सूटकेस है। आपको कभी-न-कभी यह निर्णय लेना होगा कि आपको क्या आगे ले जाना है और क्या छोड़ना है। आपको

अपने मन के सूटकेस से अतिरिक्त भार हटाने की जरूरत है। प्रतिशोध, कड़वी यादों, चिंताओं और नकारात्मक विचारों का बोझ त्यागने की आवश्यकता है और सामानवाले सूटकेस की तरह, आपके दिमाग में मौजूद विचार भी यह दरशाएँगे कि आपका व्यक्तित्व किस प्रकार का है।

ऐसे और वैचारिक प्रयोगों के बारे में सोचें। ये आपको वास्तविकता से जोड़े रखेंगे, जो आपके लिए बेहद जरूरी है।

□

27

मित्र जीवन को बेहतर बनाते हैं

मैं वाकई महसूस करता हूँ कि मित्रता निभाना बहुत महत्त्वपूर्ण है। मित्र हमारा तनाव कम करते हैं। वे हमें बाहरी दुनिया के साथ संपर्क बनाने में मदद करते हैं।

आधुनिक शहरी जीवन की आपाधापी में, बहुत सारी चीजें हम बहुत पहले खो चुके हैं। इनमें से कुछ को वापस प्राप्त नहीं किया जा सकता; जैसे भोजन को उस तरह तैयार करना जैसे हमारी माँएँ करती थीं या अपने कपड़ों को रैक से उठाने की बजाए उसे दरजी से सिलवाना। लेकिन एक क्षति, जिसकी मनोवैज्ञानिक और भावनात्मक कीमत है, वह है मित्र बनाने और मित्रता निभाने की कला।

मुझे अब भी उन मित्रों की याद है, जो शिमला में हमारे घर आया करते थे; वे सच्चे मित्र थे। वे साधारण घरों के, लेकिन बहुत ईमानदार थे। जिन लोगों का मेरे परिवार के साथ यदि पीढ़ियों से नहीं, तो कम-से-कम दशकों से संबंध था। आप उनके साथ सहज रह सकते थे और अपने असली रूप में उनके सामने आ सकते थे। आपको उनके सामने दिखावा करने या अपनी नई उपलज़्धि का प्रदर्शन करने की जरूरत नहीं थी। वे ऐसे लोग थे, जिन पर हमारा परिवार जरूरत या संकट के समय भरोसा कर सकता था;

और हमारे साधारण जीवन को देखते हुए, ऐसा समय आता ही रहता था।

जब मैं पीछे मुड़कर देखता हूँ तो सोचता हूँ, कि सामुदायिक भावना अब बहुत कमजोर और हलकी हो गई है। यहाँ तक कि दोस्त भी उँगलियों पर गिने जा सकते हैं, जबकि मेरे पिताजी के मित्र हर कहीं थे।

ऐसे समय में, जब हमारे पास सबसे आधुनिक दूरसंचार सुविधाएँ हैं, ऐसा क्यों हो रहा है? ऐसा क्यों है कि हम एक ही शहर में रहनेवाले मित्रों से संपर्क में नहीं रह पाते, लेकिन नई सोशल नेटवर्किंग साइटों के माध्यम से दुनिया के दूसरे सिरे पर मौजूद अन्य लोगों से संपर्क कर लेते हैं?

हम सभी इसका उज़्र जानते हैं। समय और अवसर की कमी, लेकिन उससे अधिक इच्छा की कमी और हमारी महज़्वाकांक्षा। हम अब सिर्फ उन्हीं से मित्रता करते हैं जिन्हें हम जानना चाहते हैं और जैसे ही वे हमारे लिए अनुपयोगी हो जाते हैं, उन्हें छोड़ देते हैं। अपनी पुरानी डायरियों और विजिटिंग कार्डों की ओर देखिए तो आपको बात समझ में आ जाएगी।

मैं वाकई महसूस करता हूँ कि मित्रता निभाना बहुत महज़्वपूर्ण है। मित्र हमारा तनाव कम करते हैं। वे हमें बाहरी दुनिया के साथ संपर्क करने में मदद करते हैं।

यह दु:खद है कि अधिकांश मामलों में, खासकर शहरों और नगरों में, हम बराबरीवालों और कार्यालय के सहकर्मियों में से अपने मित्र चुनते हैं। इससे हम खाली समय में भी क्या बन जाते हैं। छुट्टी के दिन भी सहकर्मियों से ऑफिस के बारे में बात करते हैं? फिर से अपना गुस्सा निकालते हैं कि फलाँ मीटिंग में फलाँ ने आपके साथ कैसा व्यवहार किया।

महिलाओं के लिए, सहेलियों के साथ संपर्क में रहना और भी आवश्यक है क्योंकि अध्ययनों से पता चला है कि महिलाओं को अधिक स्नेह, देखरेख और सांत्वना की जरूरत होती है, जितनी उनके पति उन्हें नहीं दे पाते। यह सिद्ध है कि बहनापा बहुत आवश्यक है, क्योंकि महिलाएँ अन्य महिलाओं को बेहतर समझती

हैं, चाहे वे जहाँ भी रहें। हाँ, गॉसिपिंग महिलाओं के लिए वाकई अच्छा है, यह बात साबित हो चुकी है।

इसलिए पुरानी डायरेक्टरी निकालिए और उस मित्र को फोन लगाइए जिससे आप कॉलेज के बाद से नहीं मिले हैं। जब आप बीते दिनों की बात करेंगे, आप अपने प्रोफेसरों के पुराने चुटकुलों पर हँसेंगे तब आपका रक्तचाप निश्चित रूप से कम हो जाएगा।

और ईश्वर का आभार व्यक्त करें कि आपके पास अब भी ऐसे मित्र हैं, जिन्हें आप फोन कर सकते हैं।

□

28

डर का सामना करें और उससे लड़ें

> *हमारे भयों के साथ समस्या यह है कि हम हमेशा उनके पीछे छिपते हैं, और यह रवैया हमारे डर को वास्तविक से अधिक बड़ा बना देता है।*

हम सब डरते हैं। दुनिया में कोई ऐसा नहीं है, जिसे कोई डर न हो। वास्तव में, डरने का मतलब है, मनुष्य होना।

अमीर लोगों को डर होता है कि उनके निवेश मुद्रास्फीति की दर के मुकाबले अधिक बढ़ेंगे या नहीं और उनके बच्चे उनकी विरासत सँभाल पाएँगे या नहीं। जबकि मध्य वर्ग बीमारी से डरता है और निम्न वर्ग गरीबी से। किसान समय पर वर्षा न होने से डरता है। अभिनेता अपनी फिल्म के फ़्लॉप होने से डरता है। और नेता चुनाव के नतीजों से डरता है।

पत्र-पत्रिकाओं और समाचार संगठनों द्वारा अकसर यह सर्वेक्षण कराया जाता रहा है कि लोगों को सबसे अधिक किस बात का डर होता है। और उससे एक दिलचस्प बात उभरकर सामने आई कि अलग-अलग देशों के निवासियों के डर भिन्न होते हैं। बुढ़ापे का डर, कंगाल हो जाने का डर, अकेले पड़ जाने का डर हर जगह होता है, लेकिन उनका स्थान सभी देशों में अलग-अलग है।

पश्चिमी देशों में पारंपरिक रूप से बुढ़ापे का भय होता है, जहाँ युवावस्था

हमेशा आकर्षित करती है। सभी विज्ञापन अभियान, टीवी शो और उत्पाद युवावस्था पर केंद्रित हैं और वरिष्ठ नागरिक खुद को अलग-थलग महसूस करते हैं, मानो उनका कोई अस्तित्व ही नहीं है। इस प्रकार, अमेरिका और यूरोप में एंटी-एजिंग उत्पादों और उपचारों पर भारी पैसा खर्च किया जाता है।

एशियाई देशों में, जहाँ सफेद बालों को सज़्मान की दृष्टि से देखा जाता है, बुजुर्गों की स्थिति बेहतर है। लेकिन बढ़ते शहरीकरण और बच्चों पर बढ़ती निर्भरता के साथ, बुढ़ापे का भय धीरे-धीरे बढ़ रहा है।

मैं भी डरता था और हमेशा विफलता से भयभीत रहता था। अपनी पहली फिल्म सारांश (1984) के बाद, मुझे ऐसी कामयाबी मिली, जिसका मैंने कभी सपना भी नहीं देखा था। लेकिन किस्मत हम सभी को सबक सिखाती है। मैं उद्यमी बन गया और व्यवसाय में मुझे कई झटके लगे, जिसने आखिरकार मेरी सारी कामयाबियाँ धो दीं। वह वास्तव में भयभीत करनेवाला था। मैंने अपने आत्मकथात्मक नाटक *'कुछ भी हो सकता है'* को लिखते और उसमें अभिनय करते हुए अपने डर का सामना किया, जो आज भी एक जबरदस्त कामयाब नाटक है। वह मेरे जीवन की सज़्ी विफलताओं का एक सार्वजनिक प्रदर्शन था; मेरे पहले रोमांस से लेकर मेरी व्यावसायिक विफलताओं तक। उस पहली रात के प्रदर्शन के बाद मैं एक अलग व्यक्ति बन गया। एक तरीके से मैं दर्शकों के सामने विवस्त्र हो गया था और अब मेरे पास डरने के लिए कुछ नहीं था।

सभी लोग अपने जीवन के बारे में नाटक का मंचन नहीं कर सकते। लेकिन कुछ लोग अपने अनुभवों के बारे में लिखते हैं और कुछ अपनी कहानियों को कल्पना बनाकर प्रकाशित करते हैं। भावनाओं का ऐसा निकास लोगों को काफी राहत देता है। आपको भी इस स्पष्टता की नीति पर चलना चाहिए और अपने डर के बारे में खुलकर अपने मित्रों और सहकर्मियों से बात करनी चाहिए। समय के साथ वे कम हो जाएँगे और बाद में हास्यास्पद लगने लगेंगे। हमारे भयों के साथ समस्या यह है कि हम हमेशा उनके पीछे छिपते हैं, और यह रवैया हमारे डर को वास्तविक से अधिक बड़ा बना देता है।

एक और तरीका अपने भय को इस प्रश्न के साथ तार्किक रूप देना है : क्या

वह सबसे बुरी चीज है जो हमारे साथ हो सकती है? मैं उदाहरण देकर समझाता हूँ। मान लीजिए आप विवाह की जिम्मेदारी उठाने से डरते हैं, या आप गंजे होने से डरते हैं। क्या वह आपके जीवन की सबसे बुरी बात हो सकती है? निश्चित रूप से नहीं! आप दिवालिया हो सकते हैं या आपकी पीड़ादायक मृत्यु हो सकती है। उसकी तुलना में, आपका भय बहुत ही नगण्य है।

इसलिए डरिए नहीं, आपके पास डरने के लिए और कुछ नहीं, खुद डर ही है!

□

29

वर्जनाओं से अपने आप को सीमित न होने दें

आप लोगों के सामने अपने आप को और अपनी भावनाओं को सँभालना सीख जाएँगे। आप किसी महफिल में आत्मविश्वास से भरपूर और सहज होना सीख जाएँगे। यह एक बहुत प्रभावशाली अभ्यास है।

इनहिबिशन या अपने आवेगों का दमन बहुत भारी शब्द है, जो विविध कल्पनाओं से भरपूर है। कुछ लोगों के लिए, इसका अर्थ कोई हलकी सी चीज, जैसे लोगों के सामने बोलना, हो सकती है। दूसरों के लिए, उसका अर्थ अधिक साहसिक, जैसे सार्वजनिक रूप से कोई चुनौतीपूर्ण काम करना है। चाहे इसकी कसौटी जो भी हो, मुझे कोई भी ऐसा व्यक्ति नहीं मिला है, जिसकी कोई वर्जना न हो।

व्यापक रूप में देखें, तो वर्जनाएँ हमारे व्यवहार को सीमित करती हैं। और वह अच्छी चीज भी हो सकती है, या बुरी चीज भी, यह इस बात पर निर्भर करता है कि हम कैसा महसूस करते हैं। एक प्रकार से, वर्जनाएँ हमारे सार्वजनिक नैतिक मूल्यों को प्रदर्शित करती हैं और उसका ही एक कार्य है जो नकारात्मक पक्ष नहीं है। हममें से कई लोग झूठ नहीं बोलते या धोखा नहीं देते, क्योंकि हम उसमें सहज नहीं होते; इसलिए उस अर्थ में हम संयमित होते हैं। परंतु कई ऐसी अन्य वर्जनाएँ

होती हैं जो हमारे व्यवहार को नकारात्मक रूप से प्रभावित करती हैं और हम सोचने लगते हैं कि काश हम उस संकोच या भय की भावना पर काबू पा सकते।

मुझे लगता है कि भय और संकोच बहुत सीमित करनेवाली वर्जनाएँ हैं। दोनों सहज रूप में उन कार्यों से संबंधित हैं, जो हम करना चाहते हैं, परंतु कर नहीं पाते। जैसे सार्वजनिक रूप से प्रभावशाली बहस कर पाने की असमर्थता, या मंच पर अभिनय का भय, या गलतियाँ करने अथवा गलत जवाब देने की शर्म। ये सब एक अपूर्ण व्यक्तित्व के पहलू हैं, जिन पर लाखों लोग काबू पाना चाहते हैं, लेकिन ऐसा नहीं कर पाते।

हम ऐसी अवरोधक वर्जनाओं पर कैसे काबू पा सकते हैं? स्पष्ट रूप से, अकेले रहते हुए यह कहना अधिक आसान है, करना मुश्किल और समूह में इस मुद्‌दे से निपटना अधिक आसान है।

शुरुआत के लिए, यदि आप अकेले हैं, तो एक आईने के सामने खड़े हों। वह आपका समूह है। आप जितना अधिक अजीब चेहरा बना सकते हैं, बनाएँ और खुद पर हँसें। अपने आप को ढीला छोड़ें और देखें कि कितनी जल्दी आप अपने साथ सहज हो जाते हैं।

अगली बार, किसी सुनी हुई कहानी को, जिसने वाकई आपको प्रभावित किया हो, अभिव्यक्त करें। उस कहानी को अभिनीत करें, मानो आप किसी मित्र के सामने उसे प्रस्तुत कर रहे हों। विभिन्न कहानियों को पेश करते हुए अज़्यास द्वारा आप अपने और अपने व्यक्तित्व के साथ सहज हो पाएँगे।

आप लोगों के सामने अपने आप को और अपनी भावनाओं को सँभालना सीख जाएँगे। आप किसी महफिल में आत्मविश्वास से भरपूर और सहज होना सीख जाएँगे। यह एक बहुत प्रभावशाली अज़्यास है। याद रखिए कि देश को बहादुरी से बड़ी समस्याओं से लड़ने के लिए उकसानेवाले महान् वक्ता ने भी अकसर अपने भाषणों का आईने के सामने अज़्यास किया था। मैं पूर्व ब्रिटिश प्रधानमंत्री विंस्टन चर्चिल की बात कर रहा हूँ, जिन्होंने इंग्लैंड को दूसरे विश्व युद्ध में अडोल्फ हिटलर के खिलाफ जीत दिलाई थी।

समूह में खुलना आसान है। हर किसी को ऐसे समय के बारे में बात करने दीजिए, जब वह हँसी का पात्र हो गया, उसने सबसे मूर्खतापूर्ण गलती कौन सी की, अपने पहले आकर्षण के बारे में, जिस घटना का उसे खेद है, इत्यादि। जल्दी ही सारा समूह घुल-मिल जाएगा। आप देखेंगे कि हर किसी में आत्मविश्वास आ जाएगा और लोगों के सामने बोलने या सहज रहने का डर गायब हो जाएगा।

वर्जनाओं के बारे में याद रखनेवाली बात यह है कि अज़्यास उन्हें गायब कर देता है!

□

30

परिवर्तन से न डरें

मैं कई ऐसे अच्छी नौकरीवाले एक्जीक्यूटिव को जानता हूँ, जो कॉरपोरेट की अपनी आरामदेह नौकरियाँ छोड़कर शिक्षक, किसान, कंसल्टेंट या उद्यमी बन गए हैं या किताबें लिखी हैं या किसी गैर-सरकारी संगठन में शामिल हो गए हैं या फिल्म व थिएटर प्रोडक्शन कंपनियाँ शुरू की हैं।

हम सब आराम और सुरक्षा चाहते हैं। जरा सा मौका मिलने पर हम सब जीवन भर अपने खोलों में रहना पसंद करेंगे। परंतु हमें परिवर्तन अवश्य करना चाहिए, क्योंकि वह जीवन की व्यवस्था है।

हमारे जीवन में पहला बदलाव तब आता है जब हमारी स्कूली शिक्षा समाप्त होती है और हम कॉलेज जाते हैं। हम अपने मित्रों के समूह से बाहर आ जाते हैं, जिनके साथ हम एक दशक से अधिक समय बिता चुके होते हैं। हमें नई जान-पहचान बनानी होती है और नए वातावरण में खुद को ढालना होता है। अगला परिवर्तन तब होता है, जब हम रोजगार के क्षेत्र में उतरते हैं; वह क्रम फिर से दुहराया जाता है।

आखिरकार, हम अपने-अपने व्यवसाय में रम जाते हैं और फिर हम बस प्रवाह के साथ बहते रहते हैं। हालाँकि यह एक आदर्श स्थिति प्रतीत होती है, लेकिन वास्तव में यह ठहराव और धीमी मृत्यु से संबंधित होती है। इस दुःखद

स्थिति को मध्य जीवन संकट (मिड लाइफ क्राइसिस) का नाम दिया गया है।

यह कोई असामान्य बात नहीं है कि यह स्थिति महिलाओं से अधिक पुरुषों को प्रभावित करती है, क्योंकि महिलाएँ परिवार और बच्चों के साथ अपने मजबूत संबंधों को देखते हुए बदलाव से अधिक जुड़ी रहती हैं। अधिकतर पुरुष अपनी नौकरियों में वही रोजमर्रा के काम करते हैं और नया सीखना बंद कर देते हैं, जल्दी ही उन्हें पता चल जाता है कि उनके युवा सहकर्मी उनसे अधिक प्रतिभाशाली और तेज हैं। और वे इसे स्वीकार नहीं कर पाते।

उनकी पत्नियाँ अब राय के लिए उन पर निर्भर नहीं होतीं; समय के साथ उनकी सोच भी विकसित होती है और अब वे स्वतंत्र, साहसी महिलाएँ होती हैं। पति इस बात को सहन नहीं कर पाते। उन्हें लगता है कि उनके बच्चे अब उनके नियंत्रण में नहीं रहे; बच्चे प्रोफेशनल जीवन में उतर चुके होते हैं और उन्हें पिता के परामर्श की जरूरत नहीं होती। पिता को यह बात समझ नहीं आती।

इस सब का सिर्फ यही उपचार है कि बदलाव के साथ चलें और लगातार अपने आप को नया रूप देते रहें। कॉरपोरेट इस सिंड्रोम को पहचानते हैं, इसलिए उनके पास सुंदर नामोंवाले प्रबंधन-शिक्षा कार्यक्रम होते हैं। थके हुए एक्जीक्यूटिव स्वास्थ्यप्रद वातावरण में ऐसे कार्यक्रमों में शामिल होते हैं और ताजगी के साथ लौटकर नए दृष्टिकोण के साथ अपने जूनियरों को प्रभावित करते हैं।

जिन लोगों के पास प्रायोजक नहीं हैं, उन्हें लाइफ कोचिंग कार्यक्रमों के द्वारा अपने आप को नया रूप देना चाहिए और अपना फिर से मूल्यांकन करना चाहिए, कोई नई चुनौती तलाश करनी चाहिए और फिर अपनी ऊर्जा को नई दिशा देनी चाहिए। अधिक साहसी लोग अपने ऊपर छा रही ऊब को पहचान लेते हैं और अपनी नौकरी पूरी तरह छोड़कर किसी बिलकुल असंबद्ध क्षेत्र में नया काम हाथ में ले लेते हैं।

मैं कई ऐसे अच्छी नौकरीवाले एक्जीक्यूटिव को जानता हूँ, जो कॉरपोरेट की अपनी आरामदेह नौकरियाँ छोड़कर शिक्षक, किसान, कंसल्टेंट या उद्यमी बन गए

हैं या किताबें लिखी हैं या किसी गैर-सरकारी संगठन में शामिल हो गए हैं या फिल्म व थिएटर प्रोडक्शन कंपनियाँ शुरू की हैं। मैं ऐसे डॉक्टरों और वकीलों को जानता हूँ, जिन्हें अब अधिक-से-अधिक पैसा कमाने की बजाए समाज-सेवा के लिए काम करने में अधिक संतुष्टि मिलती है।

महज़्वपूर्ण बात है, नई चुनौती तलाश करना। फोटोग्राफी करें और आप रोशनी एवं छाया तथा रंगों की दुनिया में खो जाएँगे। या फ्रेंच या जर्मन जैसी कोई नई भाषा सीखें। या किसी डांस क्लास अथवा अभिनय कार्यशाला में शामिल हो जाएँ। ऐसे कार्यकलाप आपके व्यक्तित्व को नया आकार दे सकते हैं।

इसलिए जब आप स्थितियों का सामना न कर पाएँ और दुनिया आपको पीछे छोड़कर आगे बढ़ने लगे, तो आप गुस्से में न आएँ। बस को रोकें और उस से उतर लें। अपने जीवनसाथी के साथ एक छुट्टी पर जाएँ एवं अपने आप को ढूँढ़ें। और एक नई चुनौती तलाश करें···।

□

31

बच्चों को दादा-दादी की जरूरत होती है

...उनके बच्चों के पास लेटेस्ट इलेक्ट्रानिक वस्तुएँ हैं, लेकिन उनके पास मूल्यों की कोई कसौटी नहीं है, न ही उनके पास अनुकरण करने योग्य कोई नायक है, और इसमें उनका कोई दोष नहीं है।

हर कोई इस बात से सहमत होगा कि हमारे बच्चे हमारे जीवन का सबसे अनमोल तोहफा होते हैं। वास्तव में बच्चे अपने जन्म से पहले ही हमारा जीवन बदल देते हैं। कई घरों में, माता-पिता अपने बच्चों के दुनिया में आने से पहले ही उनकी चाह करते हैं, उनके लिए योजनाएँ बनाते हैं और उनके सपने देखते हैं।

और जिस पल वे जन्म लेते हैं, वे हमारे जीवन में सबसे अधिक महज़्वपूर्ण हो जाते हैं। विडंबना यह है कि उनके लिए हमारी सारी चाह और स्नेह के बावजूद, बाद के जीवन में वे हमारे लिए सबसे बड़े दु:स्वप्न भी बन सकते हैं।

तो गलती कहाँ होती है?

इस प्रश्न का कोई सामान्य उज़र देना आसान नहीं है, खासकर इसलिए, क्योंकि हर घर की परिस्थितियाँ भिन्न होती हैं। कोई सभी स्थितियों का सामान्यीकरण

कर के यह नहीं कह सकता कि गलती पूरी तरह बच्चों की या माता-पिता की है। लेकिन एक बात को मैं सार्वभौमिक सत्य मानता हूँ कि हम अपने बच्चों को वे सारी चीजें देने की चाह में, जो हमें बचपन में नहीं मिलीं, वह नहीं दे पाते जो हमें बचपन में मिला था।

एक बार इस बात की सत्यता समझ लेने पर, आप हर कहीं और सामाजिक-आर्थिक दायरे के परे हर तरह के घरों में ऐसी घटनाएँ देखेंगे। जब मैं छोटा था, तो मेरी दादी मेरे भाई को और मुझे महान् पौराणिक कथाएँ सुनाती थीं; उन्होंने उसके नायकों के मूल्य और संस्कार भी हमें सिखाए।

मेरा मामला अपवाद नहीं था। मेरे सभी मित्रों के घरों में भी यही स्थिति थी।

मेरे दादाजी भी हम बच्चों को बहुत सी सारगर्भित कहावतें सुनाया करते थे, जिन्हें मैं भूला नहीं हूँ। उनमें सबसे अधिक यादगार वह है, जिसे मैंने अपने जीवन के निराशाजनक दिनों के दौरान कई बार याद किया : एक भीगा हुआ आदमी बारिश से नहीं डरता।

मैं इन दिनों अपने मित्रों के घरों में ऐसे दृश्य नहीं देखता। उनके बच्चों को, जो मेरे बचपन के मुकाबले कई गुना संपन्न हैं, अकसर दादा-दादी का सुखद सानिध्य नहीं प्राप्त हो पाता, क्योंकि वे आजकल के न्यूक्लीयर परिवारों में रहते हैं। मेरे किसी मित्र के पास हमारे देश की कहानी कहने की कला की महान् परंपरा आगे बढ़ाने का समय नहीं है। उनके बच्चों के पास लेटेस्ट इलेक्ट्रानिक यंत्र हैं, लेकिन उनके पास मूल्यों की कोई कसौटी नहीं है, न ही उनके पास अनुकरण करने योग्य कोई नायक है, और इसमें उनका कोई दोष नहीं है।

मेरे सहायक के घर में भी स्थिति भिन्न नहीं है। वहाँ, टेलीविजन ने कहानी कहने की परंपरा को नष्ट कर दिया है और आर्थिक बाध्यता ने माता-पिता को लंबे समय तक घर से बाहर रहकर काम करने के लिए विवश किया है, जिसकी वजह से वे अपनी सबसे कीमती संपज्ति के साथ कम समय बिता पाते हैं।

मैं यहाँ सिर्फ एक उदाहरण की बात कर रहा हूँ, जिसे लेकर मैं बहुत संवेदनशील हूँ, खासकर जब यह स्थापित तथ्य है कि किसी बच्चे के पहले छह वर्ष उसकी भावनात्मक मनोवृज़ि के लिए सबसे महज़्वपूर्ण होते हैं। असंज़्य अन्य चीजें हैं, जो मुझे यकीन है कि स्थिति के विश्लेषण में आपके सामने आएँगी। इसलिए अपने बचपन के बारे में सोचें और उस समय प्राप्त चीजें अपने बच्चों को दें, जो आप अब भी दे सकते हैं। अन्यथा, आपको हमेशा ऐसा न करने का अफसोस रहेगा।

□

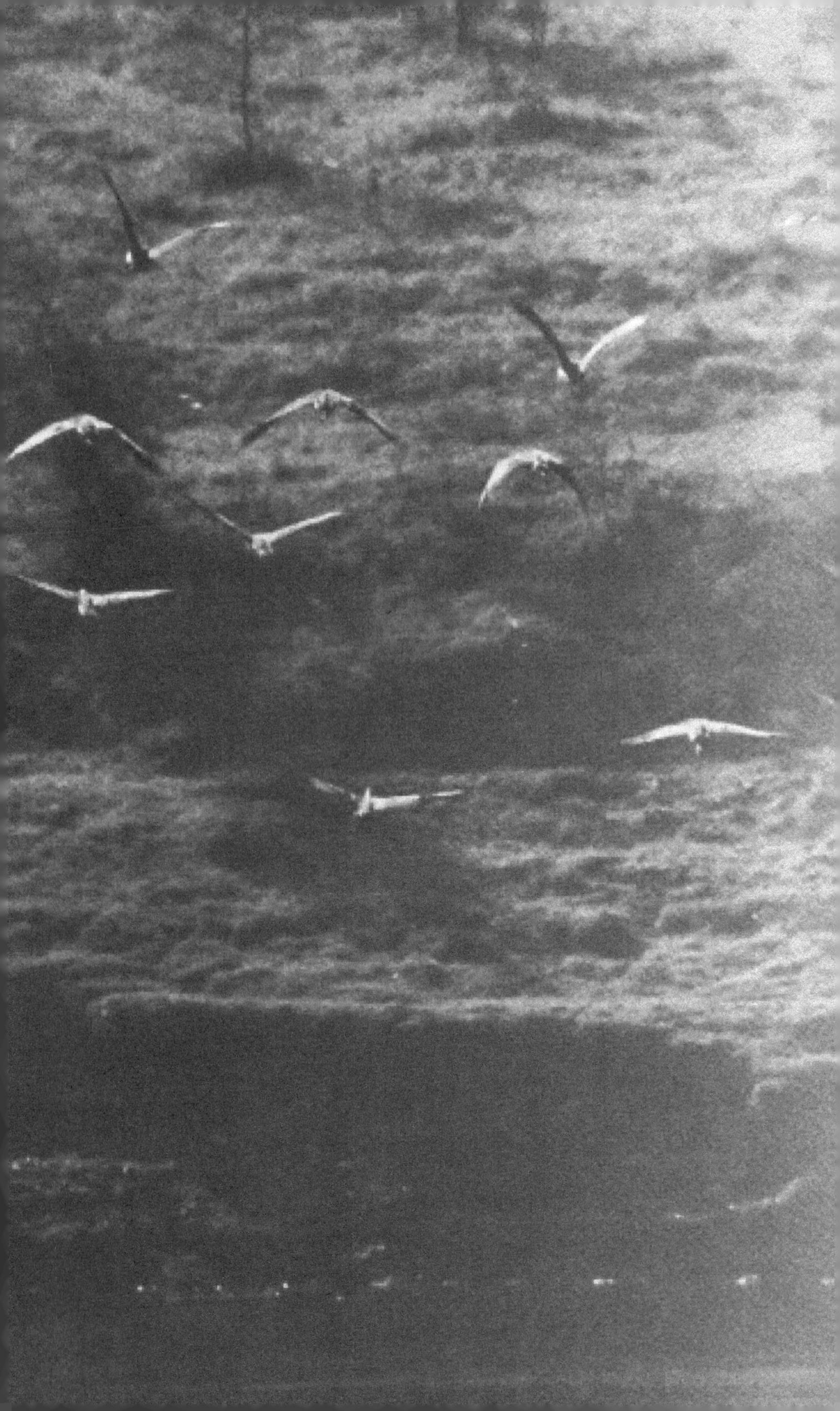

32

आशा का दामन न छोड़ें

> *यह कहना कठिन है कि क्या असंभव है, क्योंकि बीते हुए कल का सपना आज की उम्मीद है और आनेवाले कल का यथार्थ।*

आशा सिर्फ दो वर्णों का एक शब्द नहीं है। वह संभवतः, प्रेम के अलावा, सबसे शक्तिशाली भाव है। यदि प्रेम दुनिया को जोड़े रखता है, तो आशा हमें हमेशा आगे बढ़ते रहने के लिए प्रेरित करती है। यहाँ तक कि बुरे समय में भी, आशा ही हमें जिलाए रखती है। आशा हमें एक बेहतर कल में विश्वास करने के लिए प्रेरित करती है और आशा ही हमें सभी मुश्किलों का सामना करने के लिए हिम्मत देती है। जैसा कि कहा जाता है, आशा समाप्त हो जाने पर, सबकुछ समाप्त हो जाता है।

मैं इस पुस्तक में आशा के बारे में क्यों लिख रहा हूँ? इसके कई कारण हैं।

क्योंकि मित्रों और परिवारों के द्वारा हम सब में आशा जगाने के लिए उत्सवों से बेहतर समय कोई नहीं हो सकता। वह ऐसा समय होता है, जब बिछुड़े हुए मित्र मिल जाते हैं और वह ऐसा मौसम होता है, जब अलग हो गए बच्चे लंबे समय बाद सामने आ सकते हैं।

निश्चित रूप से, हवाओं में आशा है…

बहुत सारी ऐसी जगह होती हैं, जो आशा से भरपूर होती हैं। बहुत सारी जगहों में ऐसी सशक्त भावना की बेहद आवश्यकता होती है। मैंने इसे घातक बीमारियों के मरीजों की आँखों में देखा है। मैंने उसे अपने प्रियजनों के शरीर से कैंसर को निकाल फेंकने के लिए सर्जन से विनती करते मरीजों के रिश्तेदारों की आँखों में देखा है। मैंने उसे भूख से पीड़ित लोगों की आँखों में और देवताओं के सामने अपनी मुराद पूरी होने की मन्नत माँगते श्रद्धालुओं की आँखों में देखा है।

कभी-कभी हम सपने देखने को आशा समझ लेते हैं। दोनों में आकांक्षा होती है, लेकिन सपने कल्पना की हद तक जा सकते हैं। बचपन में हम सभी सुपरमैन के विभिन्न रूप प्राप्त करना चाहते हैं। लेकिन आशा की जड़ें, बहुत हद तक, वास्तविकता और संभाव्यता में होती हैं।

हम ऐसी चीजों की आशा रखते हैं, जो हम प्राप्त कर सकते हैं। हालाँकि ईमानदारी से कहें तो इसका कोई स्पष्ट विभाजन नहीं हो सकता, क्योंकि कभी-कभार, सपने भी सच हो जाते हैं! मेरे अपने मामले में, मैंने एक अभिनेता के रूप में इतना सफल होने का सपना कभी नहीं देखा था।

यदि मैंने आशा देखी है, तो निराशा भी देखी है। और यह दु:खद है, क्योंकि मैंने बहुत से प्रतिभाशाली लोगों को धीरे-धीरे जीवन और अंत में आशा से हार मानते हुए देखा है।

मुझे यकीन है कि हम सभी ऐसे लोगों को जानते हैं और उनके आसपास होते हैं, क्योंकि आखिरकार जीने की ताकत अंदर से आनी चाहिए। किसी और से नहीं। हममें से बहुत लोगों के घरों में कलात्मक चीजें होती हैं, और वे इस मुहावरे को रूपायित करती हैं कि आशा हमें कभी नहीं छोड़ती; हमलोग आशा को छोड़ देते हैं।

इसलिए जब हम कभी-कभी ऐसे विचारों के भँवर में फँसे होते हैं कि मैं

सुंदर नहीं हूँ, इसलिए उसे नहीं पा सकता; मुझे वह नौकरी नहीं मिल सकती, क्योंकि मैं अच्छा प्रजेंटेशन नहीं दे सकता; या मैं कभी अपनी पढ़ाई पूरी नहीं कर पाऊँगा, क्योंकि मेरे पास पैसा नहीं है, तो आशा के बारे में सोचें।

और इस स्मरणीय उद्धरण के बारे में सोचें :

यह कहना कठिन है कि क्या असंभव है, क्योंकि बीते हुए कल का सपना आज की उज़्मीद है और आनेवाले कल का यथार्थ।

□

33

एक अच्छी कहानी हमारा जीवन बदल सकती है

यदि आपके पास कोई ऐसी खबर है, जो अधिक-से-अधिक लोगों तक पहुँचनी चाहिए, तो किसी मीडियाकर्मी को बताइए। या मुझे बताएँ। एक अच्छी कहानी हमारा जीवन बदल सकती है।

बाइबिल का एक प्रसिद्ध कथन है, अपनी रोशनी को छिपाकर न रखें। यहाँ पर रोशनी से तात्पर्य आपकी प्रतिभा या क्षमता से है। वास्तव में, बाइबिल के जमाने से, आपको बहुत से ऐसे लोग मिलेंगे, जो अपने और अपनी उपलब्धियों के बारे में शोर मचाने में विश्वास नहीं रखते। उन्हें विश्वास होता है कि उनका काम खुद ही अपने बारे में बोलेगा। वाकई यह महान् लोगों की विशेषता रही है, क्योंकि उन्होंने अपनी प्रतिभा या आविष्कारों को प्रचारित करने के लिए कोई मुनादी नहीं करवाई।

क्या आप विलियम शेक्सपीयर की कल्पना अपने नाटकों का विज्ञापन करते हुए कर सकते हैं? या वुल्फगेंग अमेडस मोजार्ट की अपने संगीत का प्रचार करते हुए? या डच पोस्ट-इंप्रेशनिस्ट पेंटर विंसेन्ट वान गॉग की अपनी कला का प्रचार करते हुए? या लियोनार्डो दा विंची की अपनी प्रतिभा के बारे के बताते हुए? यही

वजह है कि अब भी, विभिन्न क्षेत्रों में लोगों से लोगों तक मौखिक प्रचार की परंपरा कायम है और डॉक्टरों, वकीलों, एकाउंटेंटों और अन्य लोगों पर अपना प्रचार करने की मनाही और सख़्त नियम हैं।

मेरे मामले में भी, बहुत अधिक प्रचार करनेवालों का अविश्वास बना हुआ है। आखिरकार, कोई भी विज्ञापन का स्थान खरीद सकता है। परंतु कोई प्रतिष्ठा या उत्पाद की गुणवत्ता नहीं खरीद सकता। अब भी, बहुत से ऐसे प्रतिभाशाली लोग हैं, जो अपनी कामयाबी को प्रचारित करने से परहेज करते हैं।

लगभग एक वर्ष पहले, मैं कर्नाटक लिंगयार एजुकेशन सोसाइटी के आमंत्रण पर अपने नाटक 'कुछ भी हो सकता है' का मंचन करने के लिए बेलगाम (कर्नाटक) में था। मैंने एक क्षेत्रीय शहर की दुष्कर यात्रा क्यों की? क्योंकि मैं एक अल्पज्ञात सोसाइटी के निकट संपर्क में आना चाहता था, जो मेडिकल कॉलेज, डेंटिस्ट्री, इंजीनियरिंग, लॉ, नर्सिंग, आयुर्वेद सहित 211 शैक्षिक संस्थान चला रहा है और साथ ही स्कूल तथा लड़कियों के हॉस्टलों का संचालन भी कर रहा है।

मैंने जो देखा, उससे बहुत प्रभावित हुआ। इसके अलावा कि उसके अस्पताल में बच्चों के लिए सबसे गर्मजोशी भरा चिल्ड्रेन वार्ड था, मुझे यह जानकर हैरत हुई कि उपचार पूरी तरह नि:शुल्क है। इससे भी आश्चर्यजनक यह था कि सोसाइटी के ट्रस्टी तालुकाओं (जिला का एक हिस्सा) में केंद्रीय माध्यमिक शिक्षा बोर्ड (सी.बी.एस.ई.) के अंग्रेजी माध्यम स्कूल चला रहे थे, जिसकी वजह से एक अभिजात भाषा होने की अंग्रेजी की छवि टूट रही है और ग्रामीण बच्चों के लिए यह वैश्विक अवसरों के द्वार खुल रहे हैं।

मुझे इस प्रश्न का जवाब मिल गया कि शेष भारत के साथ-साथ शेष कर्नाटक में भी इस सोसाइटी के बारे में अधिक लोग क्यों नहीं जानते। वह अनिवासी भारतीयों (एन.आर.आई.) से निवेश आकृष्ट करने या महानगरों में अत्याधुनिक अस्पताल बनाने में दिलचस्पी नहीं रखता, क्योंकि उसका लक्ष्य लाखों ग्रामीण लोगों को उन्नत बनाना और उन्हें विकास के अंतर्गत लाना है। प्रचार की बात तो दूर, वह अपनी उपलब्धियों का उल्लेख भी नहीं करता।

इतने वर्षों में मैं कई अत्यंत प्रतिभाशाली लोगों से मिला हूँ, जो कर्नाटक लिंगायत एजुकेशन सोसाइटी की तरह, प्रचार से दूर रहते हैं। मीडिया बदनाम होने के बावजूद, एक महज़्वपूर्ण भूमिका निभाता है और समग्र रूप से समाज के साथ संपर्क स्थापित करता है। यदि सकारात्मक कहानियाँ या खबरें सामने नहीं आतीं, तो प्रचारित चीजें बच जाती हैं। और इसीलिए हमारे समाज में आदर्शों की कमी हो गई है।

जिस प्रकार हमारे पास अधिकार के दुरुपयोग को नियंत्रित करने के लिए सूचना प्राप्त करने का अधिकार है, हमारे पास खबरें देने का भी अधिकार है। इसलिए यदि आपके पास कोई ऐसी खबर है, जो अधिक-से-अधिक लोगों तक पहुँचनी चाहिए, तो वह किसी मीडियाकर्मी को बताइए। एक अच्छी कहानी या खबर हमारा जीवन बदल सकती है।

□

34

एक मुसकराहट तनाव को दूर कर सकती है

...हम अपने बॉस की कितनी भी बकवास सुन लेंगे, जिनकी ओर हम दूसरी नौकरी पाने के बाद देखेंगे तक नहीं। लेकिन जिन लोगों से हम वाकई प्यार करते हैं, उनकी कोई बात सुनने को हम तैयार नहीं होते। इस बारे में सोचिए, तब आपको कम-से-कम अपने घर में तनाव पर काबू पाना आ जाएगा।

दशकों पहले टाइम पत्रिका ने 'तनाव—खामोश हत्यारा (स्ट्रेस—द साइलेंट किलर)' नाम से एक आवरण कथा प्रकाशित करते हुए हंगामा मचा दिया था। यह तनाव के एक फैशनेबल सिंड्रोम बनने और आम बोलचाल का शज़्द बनने से काफी समय पहले की बात है।

आज बहुत से लोग आराम के लिए पहाड़ों पर जाते हुए या ग्रामीण समुदायों में कृषि अपनाते हुए, तनाव दूर करने के प्रयास करते हैं। परंतु संन्यास लेना इस समस्या का उज़र नहीं है, क्योंकि हम सभी को शहरों में एक सक्रिय जीवन बिताना पड़ता है। तो फिर तनाव क्यों स्थायी हो गया है और उस पर काबू पाना कठिन क्यों हो रहा है?

इसका सरल उज़र यह है कि हम कुछ खास स्थितियों में तनावग्रस्त होते हैं, और, जब हम ऐसा करते हैं तो अपने आसपास तनाव उत्पन्न करते हैं, जो बढ़ता ही रहता है। यह आज के जीवन में अधिकांश दु:खों और मधुमेह से लेकर लकवा तक बहुत सी बीमारियों की वजह है। हम किसी भी कारण से तनावग्रस्त हो सकते हैं : अपने पड़ोसी के बड़ी कार खरीदने पर या उसके बेटे के अपने बेटे से अधिक नंबर लाने पर। ऐसे असंज़्य उदाहरण हो सकते हैं : जब कोई जीवन के रास्ते पर हमसे आगे निकल जाए। ऐसे सभी मामलों में अंतर्निहित तज़्व ईर्ष्या है।

हम ऐसी घटनाओं को नियंत्रित करना तो दूर, उनके बारे में कुछ कर भी नहीं सकते। परंतु, हम अपनी प्रतिक्रियाओं को नियंत्रित कर सकते हैं। और मैंने हमेशा इसी बात का समर्थन किया है। मैं किसी स्थिति के प्रति हमारी प्रतिक्रिया की तुलना उस स्थिति से करना चाहूँगा, यदि सड़क पर चलते समय कोई हमसे आगे निकल जाए। हमारे पास विकल्प हैं—हम या तो मुसकरा सकते हैं, या घबरा सकते हैं, झगड़ा कर सकते हैं और एक्सीलेटर को और दबा सकते हैं। हमारी प्रतिक्रिया उस पल के नतीजे को निर्धारित करेगी।

हमारे दैनिक जीवन में यही स्थिति होती है। मैं माता-पिता को अपने किशोरवय बच्चों से सज़्ती से बात करते देखता हूँ, जो असंज़्य बार वही पुराने लेक्चर सुनते हुए थक चुके होते हैं। इसलिए वे सुनना बंद कर देते हैं। इसका परिणाम यह होता है कि माता-पिता और बच्चे जल्दी ही एक-दूसरे से कट जाते हैं जिससे और अधिक तनावपूर्ण स्थिति उत्पन्न हो जाती है। यही बात हमारे जीवनसाथी, हमारे महज़्वपूर्ण साथियों पर लागू होती है। हम उन्हें उनकी गलतियों के बारे में बताते रहते हैं, उनके पीछे पड़े रहते हैं।

ऐसी सभी स्थितियों में, हम जो संदेश देना चाहते हैं, वह गलत नहीं होता; संदेश देने का तरीका और प्रतिक्रिया गलत होती है। मैं मानता हूँ कि इन परिस्थितियों में बातचीत करने की बजाए हम तनावग्रस्त हो जाते हैं। फिर हम वही तनाव अपने प्रियजनों को देते हैं और फिर आपसी संपर्क का पल हमेशा के लिए चला जाता है।

अंत में, मैं कहना चाहूँगा कि मैं हमारे जीवन की एक पक्ष की विडंबना से हमेशा चकित रहता हूँ। हम अपने बॉस की कितनी भी बकवास सुन लेंगे, जिनकी ओर हम दूसरी नौकरी पाने के बाद देखेंगे तक नहीं। लेकिन जिन लोगों से हम वाकई प्यार करते हैं, उनकी कोई बात सुनने को हम तैयार नहीं होते। इस बारे में सोचिए, तब आपको कम-से-कम अपने घर में तनाव पर काबू पाना आ जाएगा।

□

35

खुशियों के आड़े आतीं छोटी-छोटी बातें

…हमें यह समझना चाहिए कि जब तक विवेकपूर्ण तरीके से व्यापक तसवीर सुधारने का फैसला नहीं किया जाएगा, छोटे-मोटे मुद्दे हमारे भीतर सुलगते रहेंगे और हमें अधिक दुःखी बनाते रहेंगे।

हम सब मानते हैं कि इस दुनिया में ऐसा कोई नहीं है, जो हमेशा खुश रहता हो; हम सभी के पास दुःखी होने के कारण होते हैं। यह सच है कि कुछ के पास अधिक कारण होते हैं, दूसरों के पास कम। लेकिन दुर्भाग्यवश, जिन लोगों के पास दुःखी होने के कम कारण होते हैं, वे भी कभी-कभी यह मानते हैं कि वे सबसे अधिक दुर्भाग्यशाली हैं।

अधिक तकलीफदेह बात यह है कि कई बार हम अपनी अप्रसन्नता के कारण जान या समझ नहीं पाते। अगर हम काउंसलरों से बात करें तो वे हमें ऐसे दंपतियों के बारे में बताएँगे, जो अत्यंत मामूली कारणों से अलग हो रहे हैं।

मुझे लगता है कि वैवाहिक रिश्ते में सबसे आम खिजानेवाली चीजों में पति का हमेशा किसी होटल के कमरे की तरह गीला तौलिया बिस्तर पर छोड़कर जाने को लेकर पत्नियों का चिढ़ना है। कभी-कभी पत्नी पति द्वारा बाथरूम में

साबुन को पिचका देने या पत्नी के साबुन पर बाल छोड़ देने को लेकर नाराज हो जाती है।

इसे बाथरूम की लड़ाई का मामला न समझ लिया जाए, इसलिए मैं बताना चाहता हूँ कि औरतें पुरुषों द्वारा शौचालय को गंदा रखने, ऊँची आवाज में बोलने और अपनी भावनाओं के प्रति संवेदनशील न होने को लेकर भी नाराज होती हैं।

पुरुषों के पास चिढ़ने के कम कारण होते हैं; वे अकसर दिन भर बाथरूम को सूखा रखने की पत्नी की जिद और लगातार हर चीज को अपनी जगह पर रखने की पत्नी की आदत पर आपत्ति करते हैं, जिससे कि उनका घर सुंदर घरों के विज्ञापन के एक पृष्ठ की तरह लगता है।

मेरे खयाल से यह कोई बहस की बात नहीं है कि ये बहुत ही छोटी बातें हैं और ये घर टूटने की वजह नहीं हो सकतीं। सच्चाई यह है कि इन सभी मामलों में, कुछ बड़े मुद्दे, जो अनसुलझे रह जाते हैं, इन रिश्तों की दु:खद पृष्ठभूमि तैयार करते हैं, जिसे मैं व्यापक तसवीर कहता हूँ। इस तरह, वह अप्रसन्नता इन छोटे-मोटे झगड़ों में उभरकर सामने आती है।

अधिकांश मामलों में, व्यापक तसवीर में अप्रसन्नता आमतौर पर अप्रत्यक्ष बुनियादी समस्याओं से उभरती है, जैसे सास-ससुर द्वारा पत्नी से अच्छा बरताव न किया जाना, पति या बच्चों का भी उससे बुरा व्यवहार करना, पति का व्यवसाय अच्छा न चलना या उसके द्वारा अपनी आय को शराब पर उड़ा देना इत्यादि।

पुरुष के दृष्टिकोण से पत्नी द्वारा अपने रिश्ते में अपने माता-पिता की राय को अधिक अहमियत देना या घर को उपेक्षित करना जैसी समस्याएँ हो सकती हैं। ये समस्याएँ सभी प्रकार की सामाजिक-आर्थिक पृष्ठभूमि में सिर उठाती हैं और उन्हें जल्दबाजी में नहीं सुलझाया जा सकता। लेकिन जब तक कि पहले उनके अस्तित्व को स्वीकार न किया जाए और फिर उन्हें सुलझाया न जाए, उन्हें अनदेखा किया जाना जारी रहेगा।

सच यह है कि ऐसे बहुत से मुद्दे हमारे अंदर सुलगते रहते हैं जो कैंसर में परिवर्तित हो जाते हैं, क्योंकि हम ऐसा समझते हैं कि यदि हमने स्पष्ट बात की तो हमारा रिश्ता कमजोर हो जाएगा। परंतु हमें यह समझना चाहिए कि जब तक विवेकपूर्ण तरीके से व्यापक तसवीर सुधारने का फैसला नहीं किया जाएगा, छोटे-मोटे मुद्दे हमारे भीतर सुलगते रहेंगे और हमें अधिक दुःखी बनाते रहेंगे।

□

36

अपनी असली ताकत पहचानें

> *...तो, इस प्रकार के तनावपूर्ण समय में क्या करना चाहिए, जब किसी पर ऐसे अपराध का गलत आरोप लगाया जाए, जो उसने न किया हो? मैंने प्रतिक्रिया न करने का निर्णय किया, क्योंकि उससे मामला नियंत्रण से बाहर हो जाता।*

अप्रैल में सात दिन मेरे लिए बहुत उल्लेखनीय थे, जब मैं सक्रियतावाद (एक्टिविज्म) के मामले में स्पेक्ट्रम के एक छोर से दूसरे छोर के बीच झूल रहा था। जो एक अहिंसक आंदोलन में मेरी भागीदारी के साथ शुरू हुआ था, वह मेरे हिंसा का शिकार बनने के साथ समाप्त हुआ। वह समय पिछले कई दशकों में मेरा सबसे अधिक हलचलवाला समय भी था।

आप पूछ सकते हैं कि मैं यहाँ पर अपने जीवन में आई हलचल के बारे में क्यों लिख रहा हूँ? आपका यह पूछना उचित है। मैं यहाँ पर उसका संदर्भ इसलिए दे रहा हूँ, क्योंकि वह मेरे लिए एक चुनौती था कि मैं जिन सिद्धांतों के बारे में लिखता हूँ, उनके प्रति समर्पित रह पाता हूँ या नहीं।

वह सब 5 अप्रैल, 2011 को नई दिल्ली में जंतर मंतर पर अत्यंत शांतिपूर्वक शुरू हुआ था, जब मैं भ्रष्टाचार के खिलाफ कार्यकर्ता अन्ना हजारे के आंदोलन में उनके समर्थकों में शामिल हुआ था। उस रैली में, बहुत से टेलीविजन चैनलों ने

मुझसे सवाल पूछे। मुंबई में कुछ राजनीतिक शरारती तज़्वों ने संविधान के बारे में मेरी टिप्पणियों को तोड़-मरोड़कर पेश करते हुए कहा कि मैंने संविधान को बाहर फेंकने या इससे मिलती-जुलती बात कही थी।

मेरी कथित टिप्पणियों ने महाराष्ट्र विधानसभा में विधायकों के बीच हलचल मचा दी और अध्यक्ष ने जाँच की माँग करते हुए मेरे खिलाफ एक विशेषाधिकार प्रस्ताव पारित किया। चैनल द्वारा कई बार फिर मेरे बयान को दिखाने से भी नेताओं का गुस्सा शांत नहीं हुआ। चैनल पर दुबारा दिखाए जा रहे मेरे बयान से यह स्पष्ट था कि मैंने कभी कुछ भी वैसा या उससे मिलता-जुलता कुछ नहीं कहा था, जैसा मेरे विरोधी आरोप लगा रहे थे।

उस दोपहर मुंबई में मेरे अभिनय स्कूल पर प्रदर्शन हुए और बाद में शाम को, मेरे अपार्टमेंट ब्लॉक पर पत्थर फेंके गए। अगले दिन शहर के कुछ हिस्सों में मेरे पुतले जलाए गए। यह सब कुछ ऐसी बात के लिए हो रहा था, जो मैंने कही ही नहीं थी; ऐसी बात के लिए जो किसी छिपे मंसूबे से किसी व्यक्ति द्वारा जानबूझकर फैलाई गई थी।

तो, इस प्रकार के तनावपूर्ण समय में क्या करना चाहिए, जब किसी पर ऐसे अपराध का गलत आरोप लगाया जाए, जो उसने न किया हो? मैंने प्रतिक्रिया न करने का निर्णय किया, क्योंकि उससे मामला नियंत्रण से बाहर हो जाता। लेकिन उससे भी महज़्वपूर्ण यह है कि मैंने इसलिए कोई जवाब नहीं दिया, क्योंकि मुझे जवाब देने की बाध्यता महसूस नहीं हुई। कई घंटों तक बयान और बाईट के लिए लगातार मीडिया द्वारा तंग किए जाने के बावजूद मैंने अपना आपा नहीं खोया।

पीछे देखता हूँ तो मैं उथल-पुथल मचा देनेवाली उन घटनाओं के प्रति अपनी प्रतिक्रिया से संतुष्ट होता हूँ। हाशिए पर रहकर विशेषज्ञ सलाह देना बहुत आसान है, लेकिन असली परीक्षा तब होती है, जब हम आक्रोश का सामना कर रहे हों। अगली सुबह मैं उस नन, सिस्टर मारिया डोलोरेस से मिलने गया, जिन्होंने एक दशक पहले विशेष बच्चों की दुनिया से मेरा परिचय कराया था।

मेरे लिए, वह हमेशा आध्यात्मिकता की मिसाल रही हैं। थोड़ी बातचीत के बाद, उन्होंने मुझे एक दिल को छूनेवाले संदेश के साथ विदा किया, जो मुझे लगा कि इस पुस्तक के पाठकों के लिए विशेष रूप से तैयार किया गया है : अनुपम, याद रखो, तुम्हारी लड़ाई भ्रष्टाचार के खिलाफ है...भ्रष्ट के खिलाफ नहीं। दोनों में भ्रमित न होना। जिन लोगों ने तुम्हारे घर पर पत्थर फेंके, उन्हें माफ कर दो; वे नहीं समझ सकते कि उन्होंने क्या किया है। तुम्हारी ताकत तुम्हारे शांत रहने में है।'

मैंने कहा—आमीन!

□

37

परिवर्तन को स्वीकार करें, परंतु बुद्धिमत्ता और गरिमा के साथ

...आजकल अकेलापन माँग पर उपलब्ध है। यह अकेलापन आपको जकड़ लेता है और आपको समाज से अलग-थलग कर देता है। यह आपको अपने आसपास के वातावरण से उदासीन कर देता है और इसने बाँटकर उपभोग और एक-दूसरे की परवाह, जैसे पुराने अच्छे मूल्यों को भी नष्ट कर दिया है।

जब मैं एक छोटे घर में बड़े परिवार में पला-बढ़ा, तो हमारे व्यक्तित्व में एक अंतर्निहित भावना त्याग की थी। मेरे परिवार की परिस्थितियों के अलावा, वह हर किसी के लिए मुश्किल समय था और निःस्वार्थ भावना तथा आत्मत्याग हर कहीं पारिवारिक जीवन की विशेषताएँ थीं। माता-पिता लगातार अपने बच्चों के लिए अपने सपनों और इच्छाओं का बलिदान करते थे और बड़े भाई-बहन अपने छोटे भाई-बहनों के लिए अपनी महज़्वाकांक्षाएँ परे रख देते थे।

कई अन्य छोटी-छोटी बातें उस जीवनशैली में आम थीं। खरीदी गई हर वस्तु का बाँटकर उपभोग किया जाता था—चाहे वह बिस्कुट का पैकेट हो या चॉकलेट का बार। पूरा परिवार एक टेलीविजन सेट या एक रेडियो के इर्द-गिर्द जमा होता था और एक ही कार्यक्रम देखता था या एक ही कलाकार को सुनता था।

हर काम में एक सामूहिकता या करीबी होती थी।

आपको ऐसा सादा जीवन जीने के लिए गांधीवादी होने की जरूरत नहीं थी; ऐसी चीजें हर किसी के लिए स्वाभाविक थीं।

लेकिन वह समय बिलकुल अलग था। आज, जीवन मूल्यों में आमूल-चूल बदलाव आ चुका है। हर कहीं युवा अधिक सहज हो गए हैं और अपनी आवश्यकताओं तथा इच्छाओं को खुलकर अभिव्यक्त करते हैं। वे किसी चीज को दबाने में विश्वास नहीं करते, अपनी इच्छाओं को तो बिलकुल नहीं। इसे मैं 'मैं, मुझे, मेरी पीढ़ी' कहता हूँ। यह आईपॉड और आईपैड का युग है—जहाँ हर व्यक्ति अपनी पसंद का संगीत सुनता है और भीड़ में होते हुए भी पूरी तरह अकेले वर्चुअल दुनिया में खोया रहता है।

मेरे समय के विपरीत, जब अकेले रहने के लिए कोशिश करनी पड़ती थी, आजकल अकेलापन माँग पर उपलब्ध है। यह अकेलापन आपको जकड़ लेता है और आपको समाज से अलग-थलग कर देता है। यह आपको अपने आसपास के वातावरण से उदासीन कर देता है और इसने बाँटकर उपभोग और एक-दूसरे की परवाह, जैसे पुराने अच्छे मूल्यों को भी नष्ट कर दिया है।

और भी कई मूल्य धीरे-धीरे हमारी चेतना से गायब हो रहे हैं : भद्रता और शिष्टाचार की प्रवृत्तियाँ। तेज मार्केटिंग के इन दिनों में, ग्रहणशीलता की दहलीज कई गुना कम हो गई है। कम ही लोग सहनशील होते हैं या जो करते हैं, उसमें रम जाते हैं और अपने काम की उपयोगिता सामने आने के लिए नतीजों का इंतजार करते हैं।

इसके विपरीत, बहुत से लोग अपने साधारण प्रयासों को बढ़ा-चढ़ाकर पेश करने के लिए खूब शोर-शराबा करते हैं। फिल्मोद्योग में चौथाई शताब्दी से अधिक समय तक काम कर चुके एक कलाकार के रूप में, मैं हर समय अपने आसपास बदलाव होते देखता हूँ। यह सिर्फ एक समाप्त होती जा रही जीवनशैली के बारे में शिकायत नहीं है, यह इस संबंध में है कि किस प्रकार ऐसी बदलती प्रवृत्तियों ने हमारी मनोवृत्तियों और जीवन के प्रति हमारे दृष्टिकोण को प्रभावित किया है।

परिवर्तन वास्तव में जीवन का एक रूप है; फिर भी परिवर्तन को सिर्फ परिवर्तन के लिए स्वीकार नहीं किया जाना चाहिए। परिवर्तन का हर पक्ष प्रगतिशील होना जरूरी नहीं है, कुछ पक्ष प्रतिगामी हो सकते हैं। इसलिए परिवर्तन के दौरान, विषय के मूल तत्व को समझना और यह निर्णय लेना कि परिवर्तन बेहतरी के लिए है या नहीं, बहुत महत्त्वपूर्ण है। हम सनातन सत्य, मूल्यों और गुणों को प्रगति की वेदी पर कुरबान नहीं कर सकते। जैसी कि कहावत है : 'हमें जल्दी करना चाहिए''मगर धीरे-धीरे।'

□

38

भय हमारी इंद्रियों को सुन्न कर देता है

निराशाजनक पक्ष यह है कि कई मामलों में सामान्य काल में भी हमारी अवलोकन शक्तियाँ लंबे समय के लिए अवरुद्ध हो जाती हैं। ऐसा इसलिए, क्योंकि हम वही देखना चाहते हैं, वही देखते हैं और जो सुनना चाहते हैं, वही सुनते हैं।

यह विचित्र लग सकता है, परंतु कभी-कभी हमारी आँखें जो देखती हैं, उसे दर्ज नहीं करतीं। या हमारे कानों में जो आवाजें आती हैं, वे उन्हें नहीं सुनते। हमारे इंद्रियजन्य बोध में बहुत सी आश्चर्यजनक बातें और विरोधाभास हैं, जिन्हें हम जैसे-जैसे बड़े होने लगते हैं, उन्हें समझने लगते हैं। उदाहरण के लिए, हम एकमत होने के लिए एक ही घटना के कई प्रत्यक्षदर्शी वर्णनों की उज़्मीद करेंगे। परंतु, किसी आपराधिक जाँचकर्ता से बात करें तो आप उस अंतर से दंग रह जाएँगे, जो सदमे की स्थिति में ऐसी प्रत्यक्षदर्शी रिपोर्टों में उभरता है।

यह पाया गया है कि लूटपाट का शिकार व्यक्ति आमतौर पर खुद पर हमला करनेवाले व्यक्ति को वास्तविकता से अधिक बलशाली और डरावना समझता है। ऐसा इसलिए है, क्योंकि पीड़ित का मस्तिष्क घटना के घटित होने के दौरान ही भय के कारण उस तरह का दृश्य प्रस्तुत कर देता है और उसकी आँखों की

पुतलियों के माध्यम से देखी जा रही छवियों को दबा देता है। वह ऐसा समय होता है जब उसकी आँखों से देखी जा रही सच्चाई को उसके मस्तिष्क द्वारा पीछे धकेल दिया जाता है। इसी प्रकार, किसी भूकंप को महसूस करनेवाले लोगों को अपना अनुभव अधिक खौफनाक लगता है, जबकि वास्तव में वह उतना भयावह नहीं होता।

यह समझा जा सकता है कि सदमे की स्थितियों में अवलोकन की मानवीय शक्ति संदिग्ध हो जाती है। परंतु निराशाजनक पक्ष यह है कि कई मामलों में सामान्य काल में भी हमारी अवलोकन शक्तियाँ लंबे समय के लिए अवरुद्ध हो जाती हैं। ऐसा इसलिए, क्योंकि हम जो देखना चाहते हैं, वही देखते हैं और जो सुनना चाहते हैं, वही सुनते हैं।

सच्चाई यह है कि किसी के द्वारा पूछे गए एक सामान्य प्रश्न का हम अलग-अलग समय पर अलग-अलग जवाब देंगे, जो हमारी उस समय की मानसिकता पर और इस बात पर निर्भर करता है कि हम उस संकेत का क्या अर्थ निकालते हैं। उदाहरण के लिए, यदि आप किसी भी वजह से अपने बेटे से बहुत परेशान हैं, तो चाहे वह आपके वॉक से लौटने पर आपका हाल-चाल भी पूछे, तो आप गुस्से से फट पड़ेंगे और शायद उससे कहेंगे कि उसे इससे कोई मतलब नहीं है। इसी प्रश्न का अच्छे समय में, आप काफी गर्माहट और स्नेह से जवाब देंगे।

आपकी प्रतिक्रिया में यह अंतर क्यों है? इसका उज़्र आपमें ही निहित है। पहले उदाहरण में, परेशान होने की आपकी मानसिक स्थिति ने नकारात्मक प्रतिक्रिया को प्रेरित किया। और यह हमारी सभी प्रतिक्रियाओं पर लागू होता है। वे उस समय हमारी मानसिक अवस्था पर निर्भर करती हैं।

ऐसे व्यवहार की अनुपयुक्तता को देखने के लिए किसी महान् अंतर्दृष्टि की जरूरत नहीं है। हमें संकल्प करना चाहिए कि हमें ऐसे व्यवहार को बदलने और संशोधित करने की जरूरत है। हमारी प्रत्येक प्रतिक्रिया उस समय की हमारी मानसिक अवस्था से स्वतंत्र और अपने बलबूते पर होनी चाहिए।

जिन लोगों के साथ हम ऐसा व्यवहार करते हैं, उनको होनेवाले लाभ तो स्पष्ट हैं ही, हमारी प्रतिक्रिया से हमें खुद भी लाभ होगा। शुरुआत के लिए, हमें गलत नहीं समझा जाएगा। न ही हमें प्रभावित किया जा सकता है। क्योंकि यदि आपके आसपास के लोग जान जाएँगे कि आपका मूड समय के साथ बदलता है, तो वे आपका लाभ उठा सकते हैं।

□

39

भय को जाने दें

> *...अपने आप को असली रूप में स्वीकार करना आरंभ करें। अपनी सारी उत्तेजनाओं, कमियों, त्रुटियों के साथ खुश रहना सीखें इससे जल्दी ही आप बेहतर महसूस करने लगेंगे।*

हम सब स्वीकार करते हैं कि हमें अपने तरीके, अपने दृष्टिकोण, अपनी प्रतिक्रियाएँ और वास्तव में, अपने अस्तित्व का पूरा साँचा ही बदलने की जरूरत है। और हम यह भी जानते हैं कि समस्याएँ तथा उनके समाधान, सभी हमारे भीतर ही निहित हैं। आप इस बात से भी सहमत होंगे कि जब तक हम अपने अंदर और अपने आप के साथ सहज न हों, हम बाहरी दुनिया के साथ सहज नहीं हो सकते।

हालाँकि, मैंने अकसर पाया है कि अपने अंतःकरण की खोज में बाहरी दुनिया के तत्वों को ध्यान में नहीं रखा जाता। पहाड़ों पर जाकर ध्यान-मनन करना, वहाँ पवित्र जीवन बिताना और नकारात्मक विचारों को दूर कर देना अपेक्षाकृत आसान है। हमारे शहरों की भीड़-भाड़ में रहना, भीड़ भरी बसों और ट्रेनों में काम पर जाना, अकड़ू बॉसों को सहन करना, हमेशा अपेक्षा

करनेवाले बच्चों को सँभालना और फिर भी अपना मन शांत रखना अधिक मुश्किल है। ऐसी स्थिति में, उज़्जेजना आमतौर पर बाहरी चीजों से आती है।

ऐसी पृष्ठभूमि में मैंने ध्यान दिया है कि कई लोग जो शांत स्थानों पर जाकर विविध प्रकार की आत्म सहायक तकनीकों का अज़्यास करते हैं और खुद में सकारात्मकता पाते हैं, अकसर घर लौटते ही, जहाँ पर जीवन की असली समस्याएँ होती हैं, अपनी सकारात्मक ऊर्जा खो देते हैं। वे इसी प्रकार के लोगों के समूह बनाते हैं, लेकिन सकारात्मकता की वही भावना फिर नहीं आ पाती।

मेरे विचार से ऐसा इसलिए है, क्योंकि अपने भीतर पहुँचने की कोशिश में, हम अपने बाहरी तज़्व नहीं छोड़ पाते। और हम ऐसा उन्हें पूरी तरह जीते हुए और फिर उनसे आगे निकलते हुए ही कर सकते हैं।

जैसा कि मैंने पहले भी उल्लेख किया है, हमारी अधिकांश समस्याएँ इसलिए उभरती हैं, क्योंकि हम डरते हैं : बेवकूफ दिखने से, हास्य का पात्र बनने से, अज्ञानी पाए जाने से, अच्छा न बोल पाने से, अच्छा न नाच पाने से, अपना अतीत सामने आ जाने से, और ऐसी ही बहुत सी बातों से।

इसलिए, हम लगातार अपने आप से नाखुश रहते हैं और अपनी ऐसी छवि प्रस्तुत करते हैं, जो वास्तविकता पर आधारित नहीं होती। वास्तव में, हम सामाजिक-आर्थिक स्तर पर जितना ऊपर की ओर बढ़ते जाते हैं, हमारी छवि उतनी ही दिखावटी और गंभीर—और हास्यास्पद—हो जाती है।

उस छवि को नष्ट करना और अपने आप को असली रूप में स्वीकार करना सीखना जरूरी है। अपनी सारी उज़्जेजनाओं, कमियों, त्रुटियों के साथ खुश रहना सीखें तो जल्दी ही आप बेहतर महसूस करने लगेंगे। जोर से हँसें,

क्रोधित हों, डांस करना सीखें…और गिरें…और अपनी असहजता से मुक्ति पाएँ। सहज रहें और मूर्ख बनना सीखें…आप बेहतर महसूस करेंगे।

याद रखें, अपने अंतःकरण की यात्रा बाहर से ही शुरू हो सकती है। असली समस्या वहीं है।

□

40

प्रसन्नता प्रेरणादायी है

इस विचार को त्याग दें कि जीवन को समझने के लिए आपका दुःखी होना जरूरी है। जीवन में खुश रहना चाहिए। इसलिए उसे उम्मीद और साहस से जीएँ। ऐसे लाखों लोग हैं जिनके पास दुःखी होने के वास्तविक कारण हैं। राहत की साँस लें कि आप उनमें नहीं हैं।

मई 2011 में, मैं गजरा कोट्टारी की पुस्तक *ब्रोकन मेलोडीज* को लॉन्च करने के लिए दिल्ली आया। यह एक टूटे हुए परिवार में पलनेवाली एक लड़की की कहानी है, जो मुश्किल समय से गुजर रही है और उसके पास आशा और विश्वास के सिवा और कुछ नहीं है।

मैं इस कार्यक्रम के साथ जुड़ने के लिए इसलिए तैयार हुआ, क्योंकि मुझे लगा कि उसके चरित्रों को बहुत अच्छी तरह प्रस्तुत किया गया है और उपन्यास में भी एक सिनेमाई विशेषता है। इस पुस्तक में कुछ खुशी के पल ज़ी हैं और साथ ही बहुत से दुःखद प्रसंग भी। यह गिलास के आधा खाली या आधा भरे होने का आदर्श उदाहरण है, आप उसे जैसा देखना चाहें। जबकि कुछ लोगों ने महसूस किया कि दुःख या त्रासदी, सिर्फ साहित्य में नहीं, बल्कि जीवन में भी, अधिक स्वाभाविक है, अन्य लोगों का मानना इससे अलग था। मैं इस कार्यक्रम और चर्चा का उल्लेख यहाँ इसलिए कर रहा हूँ, क्योंकि इस विषय पर मेरा बहुत पक्का मत

है। मैंने इस विश्वास में बहुत सी जिंदगियों को विकृत होते देखा है कि दुःख यथार्थ है और जीवन में अन्य सारा कुछ कृत्रिम है।

यह दुर्भाग्यपूर्ण है कि मैं बहुत से ऐसे युवा और प्रतिभाशाली लोगों को जानता हूँ या उनके बारे में सुना है, जिन्होंने यथार्थ को, जो उनके खयाल से उनके जीवन में नहीं था, महसूस करने के लिए अपने आप को पीड़ा पहुँचाने की कोशिश की। कुछ ने अपने आरामदेह जीवन को छोड़ते हुए ऐसा किया, कुछ ने किसी धार्मिक परंपरा को अपनाते हुए और कुछ ने एक विकृत यथार्थ की भावना देनेवाले पदार्थों का सेवन करते हुए।

वास्तव में, यह दुःखद और विडंबनापूर्ण है, क्योंकि निराशा और दुःख में कोई महान् गुण या सच्चाई नहीं तलाश की जा सकती। उदासी या अवसाद की छाया हमें छोटा महसूस कराती है। वह हमें कमतर बनाते हुए अपने अंदर सिकुड़ने के लिए बाध्य करती है।

मैं जो बात कह रहा हूँ, आप उसे समझ पाएँगे, जब आप वह हर लम्हा याद करेंगे जब थिएटर या सिनेमा हॉल में कोई दुःखद दृश्य देखने के बाद आपकी आँखों में आँसू आ जाते हैं। आप किस तरह चुपके से आँसू पोंछ लेते हैं। आप अपनी भावनाओं को दुनिया के सामने नहीं लाते, क्योंकि दुःख बहुत निजी होता है। लोग सार्वजनिक रूप से दुःखी नहीं होते।

इसके विपरीत, क्या आपको कभी अपना या किसी और का चुपचाप हँसना, या उसे दबाने की कोशिश करना याद है ? कभी नहीं। वह इसलिए, क्योंकि हँसी प्रबल, संक्रामक और उन्मुक्त होती है। आपको उसे छिपाने की जरूरत नहीं होती। उदासी के विपरीत, हँसी प्रेरित करती है और आखिर में आपको एक अच्छी अनुभूति देती है।

सभी सेल्फ कोचिंग कार्यक्रम, और मैं सिर्फ उन लाफ़्टर क्लबों की बात नहीं कर रहा जो दुनिया भर में कुकुरमुत्ते की तरह उग आए हैं, हास्य को महत्त्व देते हैं। और अब तो मेडिकल साइंस का भी कहना है कि हँसी सबसे अच्छी औषधि है। कहा जाता है कि बच्चे दिन में लगभग तीन सौ बार हँसते हैं। लेकिन जब हम बड़े

हो जाते हैं, तो हम गंभीर दिखना चाहते हैं, इसलिए हम दिन में सिर्फ बीस बार हँसते हैं। इसमें कोई हैरत की बात नहीं कि हम कब्ज़ से पीड़ित दिखते हैं और महसूस करते हैं!

इस विचार को त्याग दें कि जीवन को समझने के लिए आपका दुःखी होना जरूरी है। जीवन में खुश रहना चाहिए। इसलिए उसे उज़्मीद और साहस से जीएँ। ऐसे लाखों लोग हैं जिनके पास दुःखी होने के वास्तविक कारण हैं। राहत की साँस लें कि आप उनमें नहीं हैं।

□

41

अपने आप को खोजें

…आप अपने आप को तलाशें और अपने दिल की बात सुनें। जीवन से निराश नहीं, बल्कि प्रेरित हों। और प्रेरणा की उस चिनगारी के लिए अपने ही अंदर झाँकें। उसे कहीं और से उधार न लें।

हम अपने आसपास के जीवन से या तो प्रेरित हो सकते हैं या निराश हो सकते हैं। शिमला में मेरे बड़े होने के दौरान, अधिकतर लोग वहाँ मध्य वर्ग के या निम्न मध्य वर्ग के थे। मुझे यकीन है कि बड़े होने के समय का यह अनुभव आपमें से अधिकतर लोगों ने भी किया होगा। संपन्नता का सिर्फ एहसास होता था, वह खुलेआम नहीं दिखता था। इसलिए गांधीवादी जीवन बिताना अधिक मुश्किल नहीं था। वास्तव में, कोई और विकल्प ही नहीं था।

आज के समय में, जीवन भिन्न है। एक नई दिखावटी प्रवृत्ति हावी हो गई है। अब अपने पैसे का दिखावा करना, ब्रांड के पीछे भागना और एक आरामदायक जीवनशैली अपनाना अधिक फैशनेबल हो गया है। यहाँ तक कि मध्यवर्गीय लोगों के लिए भी बाजार में उपलब्ध आधुनिक उपकरणों का भंडार, उन पर वे सारी चीजें खरीदने का दबाव डालता है। इसलिए हम लगातार ढेर सारे पैसे को देखकर आहत होते हैं, जो हमारे अंदर इच्छा, ईर्ष्या और कमी की भावना उत्पन्न करता है,

जो हम पर अपने चारों ओर दिख रही 'कामयाबी' का अनुकरण करने के लिए दबाव डालती है।

इस तरह हम जो देखते हैं, उससे निराश होते हैं। इससे हम कोई दृष्टिकोण अपनाने और किसी अन्य व्यक्ति की 'कामयाब' जीवनशैली का अनुकरण करने तथा साथ ही किसी और का व्यक्तित्व अपनाने के लिए बाध्य होते हैं। हमारे जीवन में काफी दु:खों का कारण इसी में निहित है।

वास्तविक सफलता के पर्वत पर चढ़ाई करने से पहले अपने आप और अपनी सीमाओं को समझना आवश्यक है। अपने आपको न समझते हुए हम अपने अंदर काफी अव्यवस्था और अप्रसन्नता उत्पन्न कर लेते हैं। अगर मैं मान लूँ कि मुझे फैशन डिजाइनर बनना है, लेकिन मुझे रंग की कोई पहचान न हो, तो मैं बस अप्रसन्नता के बीज बो रहा हूँ। यदि मैं ग्लैमर पत्रिकाओं में नजर आने के लिए एक फिल्म निर्देशक बनना चाहता हूँ, लेकिन मुझे कहानी की कोई पहचान न हो, तो मुझे समझ लेना चाहिए कि वहाँ मेरी जगह नहीं है। यहाँ तक कि कम ग्लैमरस व्यवसायों में भी, जैसे पाककला विशेषज्ञ के काम में, यदि आप किचन की गरमी नहीं सह सकते, तो आपका उस क्षेत्र में कोई भविष्य नहीं है।

सार यह है कि हम सामने आईना रखते हुए जितनी जल्दी अपनी सीमाएँ जान लें, हमारे लिए उतना ही अच्छा होगा। जब हम अपने आप को पहचान नहीं पाते या अपना सही-सही आकलन करने में असमर्थ रहते हैं, तभी हमारे जीवन में अप्रसन्नता पनपती है।

मैं ऐसे बहुत से लोगों से मिला हूँ, जो उम्र के चौथे दशक में अब भी अपनी पहचान तलाश रहे हैं। यह वास्तव में दु:खद है, क्योंकि चालीस की उम्र आदर्श रूप में ऐसी उम्र होती है, जब उन्हें अपने कॅरियर की चोटी के रास्ते पर होना चाहिए।

मैं यह बिलकुल भी नहीं कह रहा हूँ कि आपको अपनी सीमाओं से आगे

जाने की कोशिश नहीं करनी चाहिए। मैं बस यह कह रहा हूँ कि आपको किसी और व्यक्ति के सपने या सफलता की नकल नहीं करनी चाहिए। ऐसे सैकड़ों इंजीनियर हैं, जिन्होंने मशीनें बनाना छोड़कर फिल्में बनाना शुरू कर दिया है, जिस प्रकार ऐसे बहुत से डॉक्टर हैं, जो उद्यमी बन गए हैं। महत्त्वपूर्ण यह है कि आप समय पर अपने आप को तलाशें और अपने दिल की बात सुनें। जीवन से निराश नहीं, बल्कि प्रेरित हों। और प्रेरणा की उस चिनगारी के लिए अपने ही अंदर झाँकें। उसे कहीं और से उधार न लें।

□

42

अपने रिश्तों का महत्त्व पहचानें

हमारे पास जो होता है, हम उसे बरकरार नहीं रखते; फिर भी, अगर आप अपने आसपास किसी से भी बात करें, तो आपको पता चलेगा कि तनावपूर्ण रिश्ते सबसे आम चिंताजनक विषय होते हैं।

बहुत से लोग कई गलतफहमियों में जीवन गुजार देते हैं। उनमें से एक यह है कि हम सब बहुत अकलमंद लोग हैं। दूसरा यह कि हम एक-दूसरे से स्वतंत्र होकर रह सकते हैं। आईफोन और इंटरनेट जैसी उपभोक्ता वस्तुओं और आविष्कारों के इस युग में यह दूसरा विचार खासकर लोकप्रिय हो रहा है। इन चीजों ने सफलतापूर्वक हमें अपने मित्रों, परिवार और वस्तुतः समाज की भौतिक उपस्थिति से दूर कर दिया है।

मैंने हमारे बढ़ते सामाजिक अलगाव की बात पहले भी कही है, लेकिन यहाँ पर मैं ऐसे अलगाव और सर्वश्रेष्ठ व्यवहार संबंधी अध्ययन विशेषज्ञों के निष्कर्षों के बारे में लिखना चाहता हूँ कि रिश्ते हमारे जीवन में सबसे महत्त्वपूर्ण हैं। और इसमें पैसा भी शामिल है। कुछ ने खुशहाल रिश्तों के मूल्य को भी आँका है। एक अध्ययन के मुताबिक, एक खुशहाल पति-पत्नी संबंध एक लाख अमेरिकी डॉलर यानी कि लगभग 50 लाख रुपए के बराबर है!

हम इस बारे में क्या कर रहे हैं? क्या हम अपने जीवनसाथी, अपने भाई-बहनों, अपने बेटों-बेटियों के साथ अपने रिश्तों की स्थिति जानते हैं? क्या हम अपने रिश्तों का महत्त्व जानते हैं? मुझे ऐसा नहीं लगता। हम आमतौर पर, जो कि हमारे मनुष्य होने के कारण स्वाभाविक है, रिश्तों के विकास को लेकर बहुत चिंता नहीं करते, जब तक कि वे बिगड़ न जाएँ। और फिर, बहुधा, हम हद पार करने और रिश्ते को तनावपूर्ण बनाने का दोष दूसरे पक्ष पर डाल देते हैं। हमारे पास जो होता है, हम उसे बरकरार नहीं रखते; फिर भी, अगर आप अपने आसपास किसी से भी बात करें, तो आपको पता चलेगा कि तनावपूर्ण रिश्ते सबसे आम चिंताजनक विषय होते हैं।

कुछ सप्ताह पहले, मैं भारत के एक प्रमुख प्रबंधन और जीवन कौशल काउंसलर से मिला, जो शायद विभिन्न विषयों के दो राष्ट्रीय संस्थानों में पढ़ानेवाले एकमात्र प्रोफेसर हैं। उन्होंने मुझे बताया कि एक बार वह प्रबंधन के किसी पहलू पर वरिष्ठ बैंकरों के लिए एक कार्यशाला आयोजित कर रहे थे। 15 मिनट के भीतर, बैंकर उनसे सिर्फ एक विषय पर चर्चा करने के लिए उत्सुक थे : रिश्तों पर। नेतृत्व के बारे में नहीं, अपनी कार्यशक्ति को प्रोत्साहित करने के बारे में नहीं, बल्कि इस बारे में कि रिश्तों को विकसित कैसे किया जाए और उन्हें सुधारा कैसे जाए।

गौर करनेवाली बात यह है कि चाहे हम जानते नहीं, या फिर परवाह नहीं करते, लेकिन हम संबंधों के लिए ही जीते हैं। हम अपने परिवारों को बेहतर रहन-सहन देने के लिए काम करते हैं, पैसा कमाते हैं और संघर्ष करते हैं। लेकिन यदि हमारे परिवार भावनात्मक रूप से हमारे करीब नहीं हैं, तो इन सबका क्या लाभ?

मैंने ऐसे परिवार प्रमुख देखे हैं जो बाहर से सख़्त दिखते हैं, लेकिन तब टूट जाते हैं जब उन्हें महसूस होता है कि उनके बच्चे उनसे प्यार नहीं करते। मैंने ऐसी माताएँ देखी हैं जो अपनी पसंद से शादी करने को लेकर अपनी बेटियों से नाराज होती हैं, लेकिन जब वे बेटी के बड़े होने के दौरान उसके साथ अपने जुड़ाव को याद करती हैं, तो रो पड़ती हैं।

यहाँ पर मैं रेकी गुरुओं से एक उदाहरण लेना चाहूँगा, जो प्रतिदिन अपने प्रत्येक रिश्ते को सावधानी से आँकते हैं और आभार व्यक्त करते हैं कि वह रिश्ता अब तक जीवित है। रेकी के सिद्धांत हैं—आज के लिए जियो, क्रोधित न हों, चिंता न करें, आभारी हों, मेहनत करें और दूसरों के प्रति कृपालु रहें।

यह भीतरी परिवर्तन का मूलभूत तज़्व है।

□

43

अलग-अलग लोक-संगीत के लिए अलग-अलग थाप

मूलभूत स्तर पर देखें तो, यह स्थापित हो चुका है कि किसी दवा की सही खुराक पुरुषों और महिलाओं के लिए अलग-अलग होती है। इसलिए हमें अलग-अलग लोक संगीत के लिए अलग-अलग थाप की जरूरत होती है।

जीवन का सौंदर्य यह है कि हम सब महसूस करते हैं कि हम एक जैसे हैं, फिर भी एक-दूसरे से बहुत भिन्न होते हैं। हालाँकि शेष मानवजाति के साथ अपनापा महसूस करना, हम सब के एक होने का एहसास एक अच्छी भावना हो सकती है, लेकिन कभी-कभार यह एहसास करना आवश्यक होता है कि हम सभी कई रूपों में भिन्न होते हैं। उदाहरण के लिए, कई लाइफ कोचिंग कार्यक्रमों की कमजोरी यह होती है कि वे सभी को एक तराजू में तौलते हैं। यह बात सच्चाई से परे है।

यही वजह है कि आप ऐसे लोगों से मिलते हैं जो अलग-अलग कार्यक्रम आजमाते हैं। कुछ को एक तरह के कार्यक्रम से लाभ मिलता है और कुछ को दूसरे तरह के कार्यक्रम से। परंतु, इस प्रक्रिया में कई लोग ऐसे कार्यक्रमों का लाभ

उठाने में सफल होने का आत्मविश्वास खो बैठते हैं, क्योंकि वे महसूस करते हैं कि वे बदलने में असमर्थ हैं।

हम सभी को यह सच्चाई मान लेनी चाहिए कि इस धरती पर हर कोई अलग है; हम सभी को भिन्न बनाया गया है, और यह एक प्रमाणित मौलिक सत्य है। इसी प्रकार, हम सभी की अलग-अलग समस्याएँ होती हैं, इसलिए एक ही उपचार हम सब को स्वस्थ नहीं कर सकता। अब खुद मेडिकल साइंस मानने लगा है कि अलग-अलग दवाएँ अलग-अलग लोगों पर भिन्न रूप में काम करती हैं। मूलभूत स्तर पर देखें तो, यह स्थापित हो चुका है कि किसी दवा की सही खुराक पुरुषों और महिलाओं के लिए अलग-अलग होती है। इसलिए हमें अलग-अलग लोक संगीत के लिए अलग-अलग थाप की जरूरत होती है।

कई लोगों को लाइफ कोचिंग कार्यक्रमों की तुलना डाइटिंग से करने पर यह मूलभूत सच्चाई तत्काल समझ में आ जाएगी। बहुत से डाइटिंग कार्यक्रम हैं, लेकिन जैसा कि स्पष्ट है, हर डाइट कार्यक्रम हर किसी के लिए कारगर नहीं होता। हर व्यक्ति को एक भिन्न भोजन प्लान की जरूरत होती है और वह प्लान भी समय के साथ बदल सकता है। तो हम कैसे ऐसा प्लान चुनें जो हमारी जरूरतों के हिसाब से हो?

उज़र बहुत हद तक आपके अपने हाथ में है और प्रतीकों की भाषा में कहें तो आपको शुरुआत आईने में अपने आप को देखते हुए करनी चाहिए। अपनी विशेषताओं और अपनी समस्याओं के संदर्भ में अपने व्यक्तित्व का विश्लेषण करें। फिर विभिन्न कार्यक्रमों में अपनाई जानेवाली विधियों की तुलना करें। अगर आपका स्वभाव गुस्सैल है और गुस्से पर नियंत्रण न कर पाना आपकी समस्या है तो आपको शायद ऐसे कोर्स की जरूरत है, जो आपको दबे हुए गुस्से को बाहर निकालना सिखाए। बाद में, आपको इस बात पर भी विचार करना पड़ेगा कि कौन सी चीज आपको क्रोध दिलाती है। फिर उन उज़ेजक चीजों से प्रभावित न होना सीखना होगा। अपनी बेचैनियों को शांत करने के लिए ध्यान का कार्यक्रम निश्चित रूप से आपकी मदद करेगा।

परंतु, वही कोर्स ऐसे व्यक्ति के लिए बहुत मददगार नहीं होगा, जिसका

व्यक्तित्व दब्बू प्रकार का है। उसे किसी और चीज की जरूरत है, जो उसमें आत्मविश्वास भरे और उसे घेरे रखनेवाली शंकाओं के, कि खुद को योग्य साबित कर पाएगा या नहीं, निरंतर भय को समाप्त करे। उसके लिए अपने भीतर जाकर चुपचाप मनन करना मददगार नहीं होगा, जितना कि समूह में अभ्यास करना, जो उसे अपने 'खोल' से बाहर आने में मदद करेगा।

इसलिए अपनी ओर देखें और बिना सोचे-समझे किसी भी कोर्स में कूद पड़ने से पहले यह फैसला करें कि आप क्या हैं और आपको किस चीज की जरूरत है।

□

44

मोह-बंधन से मुक्त हों

…सफलता कमजोर दिलवालों के लिए नहीं है। अपने कंफर्ट जोन से बाहर निकलें, परिचित चीजों से चिपके रहना बंद करें और अप्रत्याशित के लिए खुद को मजबूत करें। क्योंकि वही जागरूक होने और जीवित होने का एकमात्र रास्ता है।

हम सभी लोगों, चीजों, स्थानों और संबंधों से चिपके रहना पसंद करते हैं। यह निश्चित रूप से एक अच्छा गुण है और इसके लिए बहुत सी अच्छी बातें कही जाती हैं, जैसे कि संवेदनशील होना। वाकई मूर्खतापूर्ण संवेदनशील यानी सेंटीमेंटल फूल होना भी अच्छी बात है; यह असंवेदनशील या भावनाहीन होने से कहीं बेहतर है। लेकिन यह भी सच है कि हमारे सामने बहुत सी समस्याएँ इसलिए आती हैं, क्योंकि हम चीजों को उनकी एक्सपायरी डेट के बाद भी नहीं छोड़ते।

चलिए सबसे आरंभिक रिश्ते की बात करते हैं, जो एक माँ और उसके बच्चे के बीच होता है। यह एक बहुत महज़्वपूर्ण बंधन होता है, क्योंकि कोई भी बच्चा अपने जीवन के शुरुआती समय में अपनी माता के बिना जीवित रहने की उज़्मीद नहीं कर सकता। उसे सिर्फ पोषण की आवश्यकता नहीं होती, बल्कि बच्चे को शारीरिक और भावनात्मक, दोनों रूपों में लगातार गरमाहट, देखभाल और आलिंगन

की जरूरत होती है। बेहतरीन यूरोपीय अनाथालयों में मातृविहीन शिशुओं पर एक अध्ययन से पता चला कि उज़्म पोषण के बावजूद, माँ के साथ रहनेवाले शिशुओं की अपेक्षा उनमें मृत्यु दर अधिक थी। यह निष्कर्ष निकाला गया कि जिस सबसे महज़्वपूर्ण चीज की कमी थी, वह थी शरीर की गरमाहट और आलिंगनों की।

लेकिन इस रिश्ते की भी एक एक्सपायरी डेट है। जब बच्चा वयस्क हो जाता है, यह मोह का बंधन धीरे-धीरे ढीला करना चाहिए, वरना हमें हर बात के लिए माँ पर आश्रित पुत्र और पिता पर आश्रित पुत्रियाँ देखने को मिलेंगी। माता-पिता को धीरे-धीरे अपने बच्चों के जीवन को नियंत्रित करना छोड़ देना चाहिए और उन्हें अपने निर्णय लेने के लिए प्रोत्साहित करना चाहिए। माता-पिता पर अति निर्भरता युवा वयस्कों में एक अपूर्ण व्यक्तित्व तथा भावनात्मक समायोजक समस्याएँ उत्पन्न करती है। वह शुरू में उनके जीवन-साथी और बाद में उनके परिवारों के लिए समस्याएँ पैदा करती है। इसलिए इन समस्याओं को जड़ से खत्म करने का तरीका यह है कि माता-पिता अपने बच्चों के किशोर होने पर उनसे चिपकना छोड़ दें।

हम कुछ और चीजों से भी अनावश्यक रूप से जुड़े रहते हैं, जैसे अपनी नौकरी से, जबकि हम उसमें नाखुश होते हैं और उन रिश्तों से, जो आगे बढ़ चुके हैं। मैंने ध्यान दिया है कि कई बार लोग ऐसी नौकरी से जुड़े रहते हैं, जिसमें उन्हें बिलकुल मजा नहीं आता। वह उनके योग्य नहीं रहती या उनके बॉस चिड़चिड़े होते हैं। कारण जो भी हो, यदि हर सुबह काम पर जाने की बात ही मन में अवसाद को प्रेरित करती है, तो यह कोई और नौकरी ढूँढ़ने और आगे बढ़ जाने का समय है। दुःख में जीने का कोई अर्थ नहीं है। जो बात नौकरियों पर लागू होती है, वह उन रिश्तों पर भी लागू होती है, जो सफल नहीं हो रहे। आगे बढ़ना विकास करना है, वह कोई हार नहीं है।

हम लोगों या चीजों से जुड़े क्यों रहते हैं ? क्योंकि हम जिस चीज से अच्छी तरह परिचित होते हैं, उसी के साथ रहना पसंद करते हैं और अनजाने में परिवर्तन

से डरते हैं। और हर बढ़ते वर्ष के साथ वह अनिच्छा और भी मजबूत होती जाती है। विकल्प दिए जाने पर, हम परिचित स्थानों पर जाना और परिचित लोगों से मिलना पसंद करेंगे। लेकिन सफलता कमजोर दिलवालों के लिए नहीं है। अपने कंफर्ट जोन से बाहर निकलें, परिचित चीजों से चिपके रहना बंद करें और अप्रत्याशित के लिए खुद को मजबूत करें। क्योंकि वही जागरूक होने और जीवित होने का एकमात्र रास्ता है।

□

45

विफलता में सफलता निहित है

कामयाब लोगों और कम कामयाब लोगों के बीच महत्त्वपूर्ण अंतर यही होता है कि उनमें अपने संकटों से सीखने की इच्छा कितनी है।

मैंने पहले के अध्यायों में विफलता का सामना करने के विषय पर संक्षेप में रोशनी डाली है। हर साल मई-जून में जब स्कूलों में बोर्ड और प्रोफेशनल पाठ्यक्रमों में प्रवेश परीक्षाओं के नतीजे आते हैं, हमें उनमें असफल होनेवाले कुछ विद्यार्थियों में घोर निराशा, यहाँ तक कि आत्महत्या की घटनाएँ भी देखने को मिलती हैं। मेरे विचार से यह एक गंभीर चर्चा का विषय है। मैं जिस मुख्य बिंदु की ओर ध्यान आकृष्ट करना चाहता हूँ, वह यह है कि हमें विफलता की अपनी अवधारणा में बदलाव लाना चाहिए। विफलता को स्थायी रूप में नहीं देखा जाना चाहिए, वह अस्थायी है। उसे विफलता न कहें; उसे एक विपत्ति या विघ्न कहें। विपत्ति को नकारात्मक रूप में न लें; उसे सकारात्मक रूप में देखें, जो आपको कुछ जरूरी पाठ पढ़ा सकती है।

यदि आप विफलता को एक विपत्ति के रूप में देखने में सफल हो गए, तो आप उसे सड़क के अंत यानी सारी उम्मीदों का खत्म होना नहीं मानेंगे। बल्कि, आप उसे सड़क के एक मोड़ के रूप में देखेंगे जो आपको और चौड़े रास्तों की ओर ले जा सकती है।

किशोरावस्था में आपकी विपज़ियाँ, कम-से-कम वर्ष के इस समय, काफी हद तक शैक्षिक होती हैं। आपसे और उससे भी महज़्वपूर्ण, आपके माता-पिता से—मैं एक प्रश्न पूछना चाहता हूँ। किसी भी क्षेत्र, चाहे वह खेल हो, या चित्रकला या व्यवसाय या राजनीति या परफॉर्मिंग आर्ट, के शिखर पर स्थित किसी व्यक्ति के बारे में सोचिए। क्या वह व्यक्ति पढ़ाई में भी अव्वल था? इसका उज़र, लगभग शत-प्रतिशत ना में होगा। तो यदि बेहतरीन लोग शैक्षिक रूप से अव्वल लोग नहीं हैं, तो एक संकट आपके कॅरियर का एक बंद अध्याय कभी नहीं हो सकता।

मैं आपको एक बहुत सशक्त उदाहरण देता हूँ, जो अविश्वसनीय प्रतीत होता है, लेकिन इंटरनेट के इस दौर में एक पल में जाँचा जा सकता है। बिना किसी बहस के, पिछली सदी के सबसे महान् वैज्ञानिक अल्बर्ट आइंस्टीन थे, जिनके गूढ़ सिद्धांतों को अब भी जाँचा जा रहा है। और क्या आप जानते हैं कि वह 16 वर्ष की आयु में ज्यूरिच में प्रसिद्ध स्विस फेडरल इंस्टिट्यूट ऑफ टेक्नोलॉजी की प्रवेश परीक्षा में अपने पहले प्रयास में विफल हो गए थे? फिर भी, अंत में उन्हें नोबेल पुरस्कार मिला।

इसी प्रकार, आप स्कॉटलैंड के महान् राजा रॉबर्ट दि ब्रूस की कहानी भी इंटरनेट पर देख सकते हैं, जो छह लड़ाइयों में अंग्रेजों को अपने देश से भगाने में विफल रहने के बाद एक मकड़ी को देखकर प्रेरित हुए थे। अपने सातवें प्रयास में वह सफल रहे। संकट को भले ही आज के प्रतिस्पर्धी वातावरण में शिक्षा के क्षेत्र से जोड़ा जाए, लेकिन हम सब जानते हैं कि संकट हर क्षेत्र में आता है : हमारी आर्थिक स्थिति में, हमारे व्यवसाय में, हमारे रिश्तों में और ऐसे ही कई अन्य क्षेत्रों में। इसलिए यह आवश्यक है कि हम अपने संकटों का विश्लेषण करना सीखें और उनसे डरें नहीं।

हम जो भी निर्णय लेते हैं, उसकी कामयाबी और नाकामयाबी की 50-50 प्रतिशत संभावना होती है। फिर भी हम सभी को निर्णय लेने होते हैं। इसलिए हमें स्वीकार करना चाहिए कि सफलता का मार्ग हमेशा गलतियों और विपज़ियों से भरा होगा। कामयाब लोगों और कम कामयाब लोगों के बीच महज़्वपूर्ण अंतर यही

होता है कि उनमें अपने संकटों से सीखने की इच्छा कितनी है।

इसलिए, विफलता या विपज़ियों से न घबराएँ। जैसा कि आइंस्टीन और किंग रॉबर्ट के मामले में हुआ, अकसर विफलता में सफलता के बीज छिपे होते हैं। जैसी कि कहावत है : 'महानता कभी असफल न होने में नहीं, बल्कि प्रत्येक असफलता के बाद उठ खड़े होने में निहित है।'

□

46

मित्रता को समय और स्पेस दें

...मित्रता को बोझिल न बनाएँ। उसकी कद्र करें और अपने मित्रों से बहुत अधिक उम्मीद न करें; आपकी उम्मीदों का बोझ कभी-कभी उसे तोड़ सकता है। समय के साथ अपनी मित्रता को अपना वजन और स्तर खुद खोजने दें।

'मुझे बताओ कि तुम्हारे मित्र कौन हैं और मैं बता दूँगा कि तुम क्या हो', एक पुरानी कहावत है। यह बेवजह नहीं है, क्योंकि मित्रता एक ऐसा रिश्ता है, जिसका बंधन सबसे मजबूत और साथ ही सबसे कमजोर होता है।

अगर इस रिश्ते से जुड़ी वफादारी की कई अविश्वसनीय कहानियाँ हैं, तो उसकी दुगुनी वे हैं, जो निराशा पर खत्म हुईं। यदि लोगों ने दोस्ती पर रियासतें कुरबान कर दी हैं, तो उन्होंने पैसे के लिए अपने दोस्तों के साथ विश्वासघात भी किया है। यही वजह है कि मित्रता सबसे अनोखे रिश्तों में से एक है।

यह सच है कि मित्रों और मित्रता के कई रूप होते हैं। मैं कार्यालयों में या सामाजिक संपर्क में या पड़ोस में जुड़नेवाले रिश्तों की बात नहीं कर रहा। ये संबंध सुविधाजनक रूप से स्थान से जुड़े होते हैं और जब हम अपनी नौकरी या आवास बदलते हैं, तो वे भी बदल जाते हैं। मैं जिन रिश्तों की बात कर रहा हूँ, वे शुरुआती

वर्षों में, विश्वास और मासूमियत की उम्र में और छल-कपट, लालच तथा सौदेबाजी की दुनिया से परिचय होने से पहले बनते हैं।

ऐसा नहीं है कि मित्रता कोई आसान रिश्ता है; वास्तव में, ऐसी मित्रता बहुत कम होती है जो दशकों तक और हमारे जीवन के सारे उतार-चढ़ावों के बीच भी चलती है।

मित्रता हमेशा कायम क्यों नहीं रहती? इसके विभिन्न कारण हो सकते हैं, परंतु अधिकांशत: वे रिश्ते में असमानता की एक भावना पर केंद्रित होते हैं, जिसमें एक पक्ष दूसरे की अपेक्षा उस पर कम ध्यान देता है। लोगों को दोस्ती रखना तब अधिक आसान लगता है जब दोनों लगातार एक ही सामाजिक-आर्थिक स्तर पर बने रहें, बजाए इसके कि एक की किस्मत जोरदार पलटा खाए और दोनों के स्तर में भिन्नता आ जाए।

आमतौर पर, लोग अपनी सफलता के दिनों में अपनी गरीबी के दिनों को याद नहीं करना चाहते। दुर्भाग्यवश, वे अपना नुकसान नहीं देख पाते। इसके विपरीत, मैं खुशकिस्मत हूँ कि मैं शिमला में अपने स्कूली दिनों के मित्र विजय सहगल के साथ अपनी नजदीकी और स्थायी मित्रता बरकरार रख पाया, जबकि हमारे शहर, रुचियाँ और पेशे अलग-अलग हैं। मेरे खयाल से यह मेरा लाभ है क्योंकि कभी-कभार मेरी सबसे सख़्त आलोचना करनेवाले विजय ने हमेशा वास्तविकता के साथ जुड़े रहने में मेरी मदद की है। यह एक असली मित्रता का लाभ है।

मित्रता के समय के साथ खत्म होने की एक और वजह है। एक पक्ष की ओर से बहुत सारी उज़्मीदें, जो दूसरा पक्ष पूरी नहीं कर पाता। समय के साथ उज़्मीदों में असमानता की यह भावना एक ऐसी दरार बना देती है, जिसे पाटना असंभव हो जाता है। मैं बहुत से लोगों को जानता हूँ, जो अपने दोस्तों के लिए कुछ भी कर सकते हैं; लेकिन जब उनके मित्र उनकी वफादारी के बारे में अधिक चौकन्ने हो जाते हैं, तो दरार उभरने लगती है। मैं सावधान होने के कारणों के

आधार पर कोई बात नहीं कह रहा हूँ; शायद परिस्थितियाँ बदल जाती हैं, शादी और बच्चे जैसी नई प्राथमिकताएँ आ जाती हैं। परंतु ऐसे बदलावों को उसमें शामिल करने की जरूरत होती है।

सभी युवा दोस्तों को मेरी सलाह है कि मित्रता को बोझिल न बनाएँ। उसकी कद्र करें और अपने मित्रों से बहुत अधिक उज़्मीद न करें; आपकी उज़्मीदों का बोझ कभी-कभी उसे तोड़ सकता है। समय के साथ अपनी मित्रता को अपना वजन और स्तर खुद खोजने दें।

□

47

परिवर्तन को अपनाना

कुछ परिवर्तन को एक ज्ञानवर्धक अनुभव के रूप में देखते हैं और उसे कोई नया काम सीखने की तरह एक चुनौती के रूप में लेते हैं। कुछ उससे डरते हैं; मानो वह कोई नई प्रौद्योगिकी है, जिसका दोहन किया जाना है। कुछ अन्य महसूस ही नहीं करते कि उन्हें किसी बदलाव की जरूरत भी है।

परिवर्तन भले ही एक लोकप्रिय उपाय है, लेकिन हम सभी परिवर्तन के प्रति भिन्न दृष्टिकोण रखते हैं। यहाँ तक कि पुरुषों और स्त्रियों की सोच में भी फर्क होता है। कुछ परिवर्तन को एक ज्ञानवर्धक अनुभव के रूप में देखते हैं और उसे कोई नया काम सीखने की तरह एक चुनौती के रूप में लेते हैं। कुछ उससे डरते हैं; मानो वह कोई नई प्रौद्योगिकी है, जिसका दोहन किया जाना है। कुछ अन्य महसूस ही नहीं करते कि उन्हें किसी बदलाव की जरूरत भी है। यदि आप इसे एक अन्य दृष्टिकोण से देखें, तो हममें से कई लोग जानते हैं कि हमारी कमियाँ क्या हैं। कई नहीं जानते। और दुःखद बात यह है कि मार्गदर्शन के बावजूद शेष लोग यह स्वीकार करने को तैयार नहीं होते कि उनके व्यवहार में कुछ त्रुटियाँ हैं, जिन्हें सुधारे जाने की जरूरत है।

अफसोस की बात यह है कि आप किसी व्यक्ति के व्यवहार का कोई भी पक्ष बदल नहीं सकते, जबतक कि वह व्यक्ति अपनी कमी स्वीकार करने के लिए

तैयार न हो और फिर बदलने का प्रयास न करे। यह अनुभवजन्य बात है कि महिलाएँ, विशेषकर भारतीय वातावरण में, अपने जीवन में परिवर्तन लाने की अधिक इच्छुक होती हैं और इसलिए वे परिवर्तन को सहज रूप में लेती हैं। इसकी एक वजह मेरे खयाल से यह है कि लड़कियों को बचपन से ही अपने परिवार के अन्य लोगों के बारे में सोचना और अपने आप को आखिर में रखना सिखाया जाता है। रूढ़िवादी परिवारों में उन्हें इस बात का प्रशिक्षण तक दिया जाता है कि उन्हें अपने भावी ससुरालवालों की सेवा कैसे करनी है और ससुराल में कैसे सबका दिल जीतना है। फिर, विवाह के बाद एक लड़की को बिलकुल नए रिश्तेदारों के साथ रहना होता है और अपनी परिस्थितियों से जूझना तथा उसमें ढलना होता है। ऐसी किसी अनुकूलन क्षमता की उम्मीद पुरुषों से नहीं की जाती, इसलिए वे परिवर्तन के प्रति अधिक अनिच्छुक होते हैं।

मैं ऐसे बहुत से लोगों को जानता हूँ जिन्होंने अपने पूरे वयस्क जीवन में किसी से क्षमायाचना नहीं की क्योंकि वे दृढ़ता से मानते हैं कि उन्होंने अपनी पूरी जिंदगी में कोई गलती नहीं की! और अपनी भ्रामक वास्तविकता में जीते हुए, वे अपने प्रियजनों के साथ गलत व्यवहार करते हैं। ऐसे लोग कभी कोई सफलता इसलिए नहीं प्राप्त कर पाते क्योंकि अपनी कमियों पर विचार करने की बजाय वे खुशी-खुशी सारा दोष अपने माता-पिता, बाद में अपने जीवनसाथी और आखिर में अपने बच्चों पर डाल देते हैं। जी हाँ, ऐसे लोग लगभग हमेशा पुरुष होते हैं!

इसका अर्थ यह कहना नहीं है कि पुरुष हीन होते हैं; सिर्फ यह कि महिलाओं की अपेक्षा वे परिवर्तन के प्रति अधिक अनिच्छुक होते हैं। सच्चाई यह है कि स्त्रियों का मस्तिष्क दो गोलार्धों के बीच तंत्रीय संबंधों में 30 फीसदी अधिक दक्षता से कसा हुआ होता है, जो उन्हें कई काम एक साथ करने, जीवन का एक अधिक व्यापक चित्र आसानी से देखने और दूर की सोचने में बेहतर बनाता है; यह सब उन्हें आदर्श माता और पालन पोषण करनेवाला बनाता है। पुरुषों का चूँकि गोलार्धों के बीच कम सूचना प्रवाह होता है, इसलिए वे जीवन के प्रति एक अधिक बँटा हुआ दृष्टिकोण रखते हैं और दूर की सोचने की अपेक्षा वर्तमान मुद्दों के बारे में अधिक सोचते हैं।

स्त्रियों और पुरुषों के मस्तिष्कों के गुणों-अवगुणों पर बहस करने की अपेक्षा इस बात पर ध्यान केंद्रित करना बेहतर होगा कि हम जो हैं, वह क्यों हैं। पुरुषों और स्त्रियों को एक-दूसरे की जरूरतें समझनी चाहिए और यह महसूस करना चाहिए कि क्यों कुछ लोग परिवर्तन के साथ ढल जाते हैं जबकि अन्य ऐसा नहीं करते।

□

48

जो आप आज कर सकते हैं, उसे कल पर न टालें

आलस्य की भावना हममें सें बहुतों पर हावी हो जाती है। हम काम को दिनों पर टालते रहते हैं और फिर दिन महीनों में बदल जाते हैं। फिर हमारे विचार की वर्षगाँठ आ जाती है।

अपने मित्रों से पूछिए कि अब तक सबसे अधिक मेहनत बचानेवाली किस चीज का आविष्कार हुआ है तो आपको भिन्न-भिन्न प्रकार के जवाब मिलेंगे। पुरुष कह सकते हैं कि वह ऑटोमोबाइल है, कंप्यूटर या रोबोट।

महिलाओं का मानना हो सकता है कि वह वाशिंग मशीन या प्लंबिंग हो सकती है, जिसकी वजह से पानी आपके घरों तक आता है। नहीं, वह इनमें से कोई नहीं है; वह है एक शज़्द 'कल'। यह शज़्द चीजों को टालने का एक बढ़िया बहाना है और यह कोई काम न करने का बहाना भी है। दुर्भाग्यवश, यह उन विफलताओं का कारण भी है, जिन्होंने कई लोगों की जिंदगी नष्ट की है, जो अपनी क्षमता का पूरा लाभ उठाने में सफल नहीं हो सके।

अपने क्षेत्र में मैं कई प्रतिभाशाली लोगों से मिला हूँ, जिनके पास बहुत

अच्छी योजनाएँ थीं। लेकिन उन्होंने उन्हें कार्यान्वित ही नहीं किया और फिर कोई और श्रेय ले गया। जैसे, कुछ समय पहले मैं लॉस एंजिलिस के एक प्रतिभाशाली स्टैंडअप कॉमेडियन से मिला, जिन्होंने एक कॉमेडी टेलीविजन सीरिज के लिए एक बढ़िया चीज सोची। लेकिन छह महीने तक उन्होंने उस बारे में कुछ नहीं किया। किसी और ने उस बारे में लिखा और चैनल को पेश किया। अब वह अमेरिका में एक टॉप रैंकिंगवाला टेलीविजन शो है। अब वह अपने आलस्य पर पछता रहा है।

यदि आप स्थिति का विश्लेषण करें, तो हमारे आनेवाले कल के साथ समस्या एक विचार और उसके कार्यान्वयन के बीच की खाई की है। आलस्य की भावना हममें सें बहुतों पर हावी हो जाती है। हम काम को दिनों पर टालते रहते हैं। फिर दिन महीनों में बदल जाते हैं। फिर हमारे विचार की वर्षगाँठ आ जाती है।

हममें से कई इस खाई में गिरे हैं, लेकिन हम अपने से सबक सीखते हैं। अफसोस की बात यह है कि कुछ लोग तब भी नहीं सीखते। यह समस्या खासकर किशोरों में होती है, जिन्हें किसी बात की फिक्र नहीं होती और वे मानते हैं कि समय पर काम करने की उज़्मीद करके उनके माता-पिता उनके साथ अनुचित व्यवहार कर रहे हैं। जब वे नौकरी करना शुरू करते हैं, तब जाकर वे इस आदत से बाहर निकल पाते हैं, क्योंकि किसी भी ऑफिस में काम में विलंब को एक सीमा तक ही बरदाश्त किया जाता है।

परंतु बड़े पैमाने पर रचनात्मक क्षेत्र इस समस्या से जूझ रहे हैं, क्योंकि जब आप अकेले होते हैं, तो कोई समय सीमा नहीं होती। आप कई लेखकों को पटकथाओं पर अंतहीन रूप से काम करते पाएँगे और कई संगीतकारों को एक महान् धुन पर समय लगाते पाएँगे। समस्या यह है कि वे खुद को अपनी सीमाओं से आगे नहीं धकेल पाते।

अपने मामले में लगातार यात्राओं के कारण मैं अकसर सर्दी-जुकाम, वायरल बुखार और खराब गले से पीड़ित रहता हूँ। फिर भी मैं खुद को प्रेरित करता हूँ और

हर बार समय पर सेट पर पहुँचता हूँ। मैं कभी बहाने नहीं बनाता और अपने वादों को निभाता हूँ, जिससे मेरे मैनेजर को हैरत होती है। ऐसा करनेवाला इस प्रोफेशन में मैं अकेला नहीं हूँ; और भी लोग हैं जो प्रोफेशनल हैं। और यही कारण है कि वे सफल हैं।

इसलिए अपने वादों को गंभीरता से लें और टाल-मटोल न करें। हर रात अपनी समीक्षा करें और यह विश्लेषण करें कि क्या दिन में बिताया गया समय आप और अधिक उपयोगी ढंग से बिता सकते थे। और अंत में, अपने साथ सख़्ती से पेश आएँ। क्योंकि इस अभ्यास से सबसे अधिक लाभ आपको ही होगा।

□

49

जीवन के शुरुआती सबक स्थायी प्रभाव छोड़ते हैं

आधुनिक शोध दरशाता है कि भावनाएँ और संवेदनाएँ हमारे जन्म से पहले ही उत्पन्न हो सकती हैं! हमारी सभी भावनाएँ मस्तिष्क के किनारे के भाग में मौजूद होती हैं, जिसे अकसर हमारा 'इमोशनल' या भावनात्मक मस्तिष्क कहा जाता है।

मानव मस्तिष्क के महत्त्वपूर्ण शोध के साथ भारत के महाकाव्य महाभारत का क्या संबंध है? इसका संबंध यह है कि किस प्रकार अपने मस्तिष्क की शुरुआती सूचनाओं को भूलना कठिन होता है।

हमारे भावनात्मक मस्तिष्क का एक हिस्सा खास तौर पर दिलचस्प है, जहाँ पर हमारी अधिकांश भावनाएँ रहती हैं, जिसे एमिग्डल या प्रमस्तिष्क खंड कहते हैं। एमिग्डल के बारे में अद्‌भुत बात यह है कि वह जन्म से काफी पहले काम करना शुरू कर देता है। यह पाया गया है कि वह जन्म पूर्व चरण में भी भावनाओं और संवेदनाओं को संसाधित करता रहता है और उससे भी महत्त्वपूर्ण उन्हें एकत्रित करता रहता है।

अधिकतर भारतीयों के लिए, जन्मपूर्व चरण में भी मस्तिष्क के जाग्रत् रहने का यह ज्ञान हैरतनाक नहीं है; क्योंकि हम अर्जुन, उसके पुत्र अभिमन्यु और चक्रव्यूह की कहानी जानते हैं। महाभारत में अभिमन्यु ने गर्भ में ही चक्रव्यूह की घातक व्यूह संरचना को भेदना सीख लिया था, जब अर्जुन यह बात अपनी गर्भवती पत्नी को बता रहे थे। परंतु चूँकि अर्जुन को भगवान कृष्ण ने पुकार लिया और वह पूरी बात नहीं बता सके, अभिमन्यु चक्रव्यूह से बाहर निकलने का रहस्य नहीं सीख पाया। दु:खद रूप से जानकारी की इसी कमी ने बाद में उसकी जान ले ली।

आजकल यूरोप में बहुत सी गर्भवती महिलाएँ इस उज़्मीद में अपने पेट पर ऑडियो हेडफोन रखते हुए अपने अजन्मे बच्चों को भाषा ज्ञान दे रही हैं कि वे जन्म के बाद कई भाषाओं के ज्ञाता होंगे! लेकिन अधिक गंभीरता से सोचें तो यह सच है कि यदि जीवन के इतने शुरुआती दौर में सीखे सबक भूलना कठिन है तो उसी समय पनपे गुस्से, उदासी, अकेलेपन और कई अन्य नकारात्मक भावनाओं को भूलना भी उतना ही मुश्किल है। वे हमारे बाद के जीवन में अवरोधों के रूप में अभिव्यक्त होती हैं और हमें अपनी क्षमता का पूरा लाभ उठाने से रोकती हैं।

ऐसी रुकावटों को हटाने में मदद करने के लिए मैं आपको एक अज़्यास बताना चाहता हूँ, जिसका मैं अकसर सुझाव देता हूँ। आराम से बैठ जाएँ, अपनी आँखें बंद करें और गहरी तथा संतुलित साँसें लें। अपनी वर्तमान स्थिति, जिस कमरे में आप हैं और अपने शरीर के बारे में सोचें। साँस लेते और छोड़ते समय अपने अंदर तक, अपने फेफड़ों तक जाएँ। फिर दस वर्ष पहले के समय में जाएँ। अब आप कहाँ हैं? अपने आसपास की चीजों को समझें। एक पल रुकें...हो सकता है आप अपने कॉलेज के मित्रों के साथ खेल रहे हों। और दस वर्ष पीछे जाएँ...अब आप कहाँ हैं...स्कूल में? क्या आप अपना खेल का मैदान, अपने सहपाठियों को देख सकते हैं? वो शरारतें याद कीजिए जो आप उनके साथ किया करते थे। शांत होकर और दस वर्ष पीछे जाएँ, जब आप शायद पाँच वर्ष के थे। फिर से वहाँ की स्थितियों में अपने को रखें।

अब अंत में, उस समय तक जाएँ, जब आप अपनी माँ की कोख में थे। हलकी सी रोशनी है…आप गुनगुने पानी में तैर रहे हैं। आप पवित्र हैं। थोड़ी देर इस एहसास का आनंद लेने के बाद, अब धीरे-धीरे यह कल्पना करें कि आप जन्म ले रहे हैं…फिर से…नए सिरे से…बिना किसी डर, क्रोध या तनाव के।

इसे धीरे-धीरे, आराम से करें और आप धीरे-धीरे बहुत सी नकारात्मक बाधाओं को दूर करने में सफल हो जाएँगे, जो आपका रास्ता रोकती हैं।

□

50

जीवन और मृत्यु से जूझते हुए

मैंने आकस्मिक मृत्यु की बहुत सी प्रतिक्रियाएँ देखी हैं। कुछ इतने सुन्न हो जाते हैं कि कोई प्रतिक्रिया नहीं कर पाते। कुछ मौन गरिमा के साथ प्रतिक्रिया करते हैं। कुछ अपने आप को सँभाल नहीं पाते और फूट-फूटकर रोते हैं। इसका कोई कट्टर नियम नहीं है। जिस प्रकार दुःख में कुछ भी सही या गलत नहीं होता।

13 जुलाई, 2011 को हुए मुंबई बम विस्फोटों ने फिर से मौत की आकस्मिकता हमारे सामने ला दी। आकस्मिक शोक से जूझना सबसे अधिक मुश्किल होता है क्योंकि उसमें आकस्मिकता और अंत दोनों का असर होता है। जब लंबे समय से बीमार किसी बुजुर्ग रिश्तेदार की मृत्यु होती है, तो हम नियति को अधिक सहजता से स्वीकार कर लेते हैं। मृत्यु अपरिहार्य है और ऐसे मामलों में वह प्रत्याशित होती है। परंतु वह निश्चित रूप से अधिक कठिन होती है, जब जीवन का क्रम ही उलटा-पुलटा हो जाता है; जब एक पिता अपने पुत्र के कंधों पर अंतिम यात्रा करने की बजाय अपने बेटे को अर्थी या कब्र तक ले जाता है।

मृत्यु के समय निकट संबंधियों को दिलासा देना बहुत मुश्किल होता है। शब्द बेमतलब हो जाते हैं और सिर्फ थोड़ी-बहुत सांत्वना दे सकते हैं, परंतु एक सीमा तक ही। आखिरकार, शोकाकुल लोगों के लिए यह दुःख और अकेलेपन का

सफर होता है। सिर्फ एक पत्नी ही अपने पति की कमी को महसूस कर सकती है, जो अचानक उसे अकेला छोड़ जाता है। सिर्फ एक माँ ही अपने पहले बच्चे को खोने का दर्द समझ सकती है, चाहे वह जीवन में कितना भी अकुशल हो।

मैंने आकस्मिक मृत्यु की बहुत सी प्रतिक्रियाएँ देखी हैं। कुछ इतने सुन्न हो जाते हैं कि कोई प्रतिक्रिया नहीं कर पाते। कुछ मौन गरिमा के साथ प्रतिक्रिया करते हैं। कुछ अपने आप को सँभाल नहीं पाते और फूट-फूटकर रोते हैं। इसका कोई कट्टर नियम नहीं है। जिस प्रकार दु:ख में कुछ भी सही या गलत नहीं होता, उसी प्रकार दु:ख का सामना करने के कई तरीके हैं। कुछ लोग अकेले रहना चाहते हैं; कई अवसाद में चले जाते हैं।

आकस्मिक मृत्यु के दु:ख का सामना करने का शायद सबसे उज़्म उदाहरण मैंने पुणे के निकट महाजन परिवार में देखा है, जिन्होंने कुछ वर्ष पहले अपने 22 वर्षीय पुत्र मैत्रेय को एक दु:खद मोटरबाइक दुर्घटना में खो दिया था। मैत्रेय हमेशा से एक बाइकर बनना चाहता था और एक अच्छा स्केच आर्टिस्ट था। उसकी स्क्रैप बुक 'आई लव टू राइड' जैसे संदेशों से भरी हुई थी और उसमें पंखों के साथ बाइकों के स्केच थे। विडंबना देखिए कि उसने एक रंगीन ग्राफिक 'राइडर्स डोंट डाई' पर भी काम किया था। स्वाभाविक रूप से, महाजन परिवार उसकी मृत्यु से टूट गया। परंतु मैत्रेय के माता-पिता विदुर और अपर्णा धीरे-धीरे अपने दु:ख से उबरते रहे और अब उससे बाहर आ गए हैं। हाल में उनसे मिलने पर मैंने उनमें एक शांत धीरता देखी। विदुर ने इस दु:ख से उबरने में अपनी और अपने परिवार की मदद करने के लिए अपने पुत्र और इस हादसे पर मराठी में *'मैत्रे जीवाची'* नामक एक किताब लिखी, जिसका अर्थ है 'जीवन भर के लिए मित्र'।

मैं ऐसे आकस्मिक मृत्यु के मामलों से एक जुड़ाव महसूस करता हूँ, क्योंकि मेरी पहली यादगार भूमिका सारांश में एक सेवा-निवृज़ स्कूल मास्टर बी.बी. प्रधान की थी, जो अमेरिका में अपने इकलौते बच्चे की मृत्यु से उबरने में अपनी पत्नी की मदद करता है। खोने का एहसास थोड़ा मद्धम हो जाने पर मेरे लिए एकमात्र

तरीका यह समझना है कि इस दुनिया के मैत्रेय जैसे लोगों ने 22 वर्षों तक जीवन को भरपूर जीया। उसके माता-पिता और मित्रों के लिए उतना समय उसके साथ बिताना एक अद्‌भुत अवसर था। और वह अवसर उसके बिलकुल भी न होने से निश्चित रूप से बेहतर था।

□

पुनश्च

यह पुस्तक मेरे जीवन का ग्राफ दरशाती है। इसमें वह जीवन कैद है जो मैंने जिया और अनुभव किया है; न कि किसी किताब से हासिल जीवन। यह मेरी यात्रा, विफलता और सफलता सहित प्रत्येक चीज के प्रति मेरे दृष्टिकोण के बारे में है। बहुत से लोगों की सोच के विपरीत, सफलता की अपेक्षा विफलता से जूझना अधिक आसान है।

जब मैं पीछे की ओर देखता हूँ कि मैंने अपने जीवन के सबसे कठिन समय के दौरान किस प्रकार अपना अस्तित्व बनाए रखा और अपना विवेक बरकरार रखा, तो मैं उसका श्रेय सिर्फ एक चीज को देता हूँ। वह है, मेरा दृष्टिकोण। वह कभी भी उज़्मीद का दामन न छोड़ने का दृष्टिकोण है। मैं मानता था और अब भी मानता हूँ, कि अगली कामयाबी हमेशा आसपास ही होती है। मेरे विचार से उज़्मीद किसी के लिए भी जीवित रहने का एकमात्र सबसे शक्तिशाली स्रोत होती है। उज़्मीद समाप्त हो जाए, तो सबकुछ समाप्त हो जाता है।

उज़्मीद में अपने विश्वास से, मैं खुद पर विश्वास करने लगा। अकसर, विशेष रूप से जब कोई मुश्किल दौर से गुजर रहा होता है, तब आत्मविश्वास का डगमगाना और कुछ समय के लिए दूसरे लोगों की सलाह से प्रभावित हो जाना आसान होता है। हालाँकि मैं यह नहीं कह रहा कि हमें अपनी क्षमताओं और फोकस को फिर से मापना नहीं चाहिए, परंतु अपना लक्ष्य कभी नजरों से ओझल न होने देना बहुत आवश्यक है। धुन और मेहनत ऐसे गुण हैं जो आगे चलकर काम आते हैं, ढुलमुल रवैया नहीं रखना चाहिए।

फिर भी, हमें बदलना सीखना चाहिए, क्योंकि परिवर्तन प्रकृति का नियम है। जीवन की यात्रा में हमें कुछ पुरानी आदतें छोड़नी पड़ती हैं और नई अपनानी पड़ती हैं। मैं वही व्यक्ति हूँ, जो अभिनेता बनने से पहले था। ऊपर से मैं अपरिवर्तित दिख सकता हूँ, लेकिन मेरे भीतर बहुत कुछ बदल चुका है। मेरे अंदर अब भी आशा की आग है, लेकिन आयु और अनुभव के साथ वह सौज़्य हुई है।

अनुपम खेर

जब मैं परिवर्तन की बात करता हूँ, तो मैं यह नहीं कह रहा कि हम अपने पूरे जीवन जिन मूल्यों पर टिके रहे हैं, उन्हें छोड़ दें। मूल्यों जैसे कुछ पहलुओं पर दृढ़ रहते हुए, हमारे अंदर परिवर्तन की अपरिहार्यता को स्वीकार करने का विवेक होना चाहिए, जिस प्रकार हम मौसम में बदलाव को स्वीकार करते हैं।

आप में से कुछ लोग यह सोच सकते हैं कि दृढ़ रहने और परिवर्तन को स्वीकार करने के बीच विरोधाभास है। यदि आपने इस पुस्तक को ध्यानपूर्वक पढ़ा है, तो आपको पता चलेगा कि जीवन विरोधाभासों से भरपूर है। जब हम कम आयु के होते हैं तो हम जीवन और लोगों को पूरी तरह काले या सफेद यानी बुरे या अच्छे रूप में देखते हैं। बाद में जाकर हम समझ पाते हैं कि जीवन इन दोनों रंगों का मिश्रण है।

अपने जीवन के सबसे बुरे समय के दौरान, जब मैं आर्थिक परेशानियों से गुजर रहा था, मैंने कुछ पैसा कमाने के लिए एक नाटक करने का निर्णय किया। वह एक आत्मकथात्मक नाटक था, जो मैंने जरूरत के चलते किया। मैंने अपने जीवन की विफलताओं को एक नए दृष्टिकोण से; विनोदपूर्वक देखने के बारे में सोचा। दर्शकों को *'कुछ भी हो सकता है'* इसलिए पसंद आया, क्योंकि वह आशा का संदेश देता है। और उन्हें देखते हुए, मैंने अचानक महसूस किया कि मुझे एक दिव्य संदेश मिला है—मुझे अब विफलता का डर नहीं रहा था।

मेरा नाटक *'कुछ भी हो सकता है'* मेरी आत्मकथा है—मेरे जीवन का सबसे रचनात्मक उत्पाद, जो सिर्फ इसलिए हो पाया, क्योंकि मुझे अपना अस्तित्व बनाए रखने की जरूरत थी। यह पुस्तक उसका एक प्रत्यक्ष वर्णन है, जो मैंने अपने जीवन में सीखा। और यह कहते हुए मैं कोई अतिशयोक्ति नहीं कर रहा कि मेरी विफलताओं ने मुझे अपने दो सबसे खूबसूरत विस्तार रचने में मदद की—मेरा एक्टिंग स्कूल 'ऐक्टर प्रिपेयर्स' और मेरा नाटक। आज, मैं अपने नाटक के 225 से अधिक शो पूरे कर चुका हूँ और वह मेरे दर्शन का एक विस्तार बन गया है। और मैं उस दर्शन को दूर-दूर तक ले जाते हुए उसे यथासंभव अधिक से अधिक लोगों तक पहुँचाना चाहता हूँ, ताकि वे भी मेरे जीवन को बदल देनेवाली सच्चाइयों को जान सकें और मेरे अनुभवों से लाभ उठाएँ।

इसीलिए मैं जल्दी ही *'कुछ भी हो सकता है'* को एक लाइफ कोचिंग कार्यक्रम के रूप में शुरू करूँगा। इसमें जीवन और जीवन जीने का सार होगा। और वह आपके जीवन में अब तक घटित बेहतरीन चीज हो सकती है, क्योंकि मैं हमेशा कहता हूँ कि जीवन के बारे में सबसे बेहतरीन किताब खुद जीवन है।

□□□

FCW - #0048 - 061026 - C0 - 216/140/13 - PB - 9789350482346 - Matt Lamination